Cahier d'Enseignement moral et civique

3e

Citoyens aujourd'hui !

NOUVEAU BREVET 2018

Nom : ....

Prénom : ....

Classe : ....

Sous la direction de

Anne-Marie Hazard-Tourillon
Agrégée d'histoire
Inspectrice pédagogique régionale honoraire

Par

Maria Aeschlimann
Agrégée d'histoire
Collège François Truffaut, Asnières-sur-Seine (92)

Caroline Normand
Certifiée d'histoire-géographie
Collège Louis Issaurat, Créteil (94)

Éric Zdobych
Agrégé d'histoire-géographie
Lycée Eugène Hénaff, Bagnolet (93)

Nathan

Avant propos

Qu'est-ce que l'enseignement moral et civique ?

L'enseignement moral et civique, au cœur du Parcours citoyen et du Socle commun

- L'**enseignement moral et civique** est l'axe principal du **Parcours citoyen** qui vous invite à développer votre capacité à bien vivre ensemble. Il est évalué dans le cadre des **connaissances** et des **compétences** du **Socle commun**, principalement celles du **domaine 3 « La formation de la personne et du citoyen »**, mais aussi le domaine 1 « Pratiquer différents langages », le domaine 2 « Méthodes et outils pour apprendre », le domaine 5 « Les représentations du monde et l'activité humaine ».

Votre cahier d'EMC *Citoyens aujourd'hui !*

- Votre cahier met l'accent sur les deux termes **« moral »** (votre personne) et **« civique »** (le citoyen que vous devenez), en les associant aux **valeurs** et **principes de la République**, inscrits dans les **textes fondamentaux** présents dans le cahier (Déclaration des droits de l'Homme et du citoyen, Déclaration universelle des droits de l'Homme, Constitution de la Ve République...).
- Votre cahier vous fait acquérir une **culture morale et civique** qui est la prise de conscience de vos droits et de vos devoirs, de vos **responsabilités**, au collège et hors du collège. Il vous confronte à des situations pratiques, que vous analysez au regard des **valeurs et principes** qui fondent la **République** et la **démocratie** (liberté, égalité, fraternité, solidarité, esprit de justice, dignité), des **règles à respecter** pour vivre ensemble, de votre capacité à **juger par vous-même**, de votre **engagement à agir**.
- Votre cahier développe votre **autonomie**, votre **esprit critique** et de **coopération**. Il vous conduit à **rejeter toute discrimination**, et toute dévalorisation entre élèves.

Retrouvez le programme d'EMC Cycle 4 sur :

- collegien.nathan.fr/cahier-emc3-2018

 ISBN 978 209 171863 7 – 25 avenue Pierre de Coubertin 75013 Paris

Sommaire

Le nouveau Brevet

D'après le B.O. du 4 janvier 2018

L'EMC est évalué en contrôle continu dans le Livret scolaire de l'élève, et au brevet (à l'oral en option, dans le cadre d'un EPI ou du Parcours Citoyen, et à l'écrit).

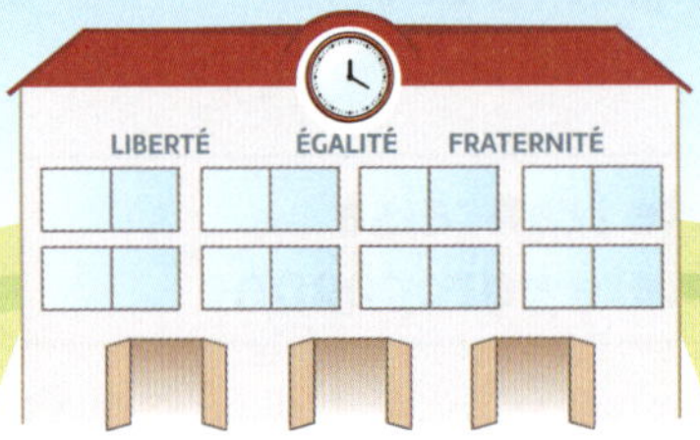

Le contrôle continu

Évaluation des huit composantes du socle commun de connaissances, de compétences et de culture tout au long de l'année scolaire.

→ **400 points**

Ce qui est nouveau en 2018

- Un système de notation revu.
- 4 épreuves écrites.
- L'histoire des arts à l'oral.

dès avril

L'épreuve orale

Présentation d'un projet mené en **histoire des arts** ou dans le cadre d'un **EPI** ou de l'un des **parcours éducatifs** (Avenir, Citoyen, Éducation culturelle et artistique). L'exposé est suivi d'un entretien.

→ **oral individuel : 100 points** (15 min)
ou
→ **oral collectif : 100 points** (25 min)

fin juin

L'épreuve écrite 1

FRANÇAIS

À partir d'un extrait littéraire, exercices de compréhension, de grammaire et de réécriture + dictée + rédaction

→ **100 points** (3 h)

L'épreuve écrite 2

MATHÉMATIQUES

Exercices, dont certains assortis de tableaux ou de schémas, et un exercice d'informatique.

→ **100 points** (2 h)

L'épreuve écrite 3

HISTOIRE, GÉOGRAPHIE et EMC

Analyse et compréhension de documents.

→ **50 points** (2 h)

L'épreuve écrite d'HISTOIRE, GÉOGRAPHIE et EMC (2 h, 50 pts)

Exercice 1 (20 pts)
Analyser et comprendre des documents en histoire ou en géographie

Exercice 2 (20 pts)
Maîtriser différents langages pour raisonner et utiliser des repères historiques et géographiques

Exercice 3 (10 pts)
Mobiliser des compétences relevant de l'enseignement moral et civique

L'épreuve écrite 4

SCIENCES

- Physique-Chimie
- SVT
- Technologie

→ **50 points** (1 h)

début juillet

Publication des résultats du Brevet

septembre octobre

Cérémonie républicaine de remise des diplômes du Brevet

Diplôme et mentions

Admission au diplôme national du Brevet :
400 points sur 800 (soit 10 sur 20)

- **Mention assez bien**
  plus de 480 points
- **Mention bien**
  plus de 560 points
- **Mention très bien**
  plus de 640 points

Comprendre les consignes en EMC

Verbes	Ce qu'ils signifient
Agir	Intervenir en passant à l'action.
Analyser	Observer, décrire, relever les informations d'un texte, d'une image, pour en comprendre le sens et l'expliquer.
Argumenter	Donner plusieurs éléments / preuves, pour appuyer une affirmation et convaincre, en réponse à une question.
Caractériser	Définir avec précision, en mettant en relief les traits dominants d'une personne, d'un objet, d'un fait.
Citer	Mentionner quelque chose, quelqu'un, qui mérite l'attention.
Décrire	Exposer quelque chose, présenter quelqu'un, de manière précise.
Définir	Énoncer le sens d'un mot, d'une chose, d'un être.
Débattre	Discuter d'un sujet avec plusieurs interlocuteurs. Exprimer son point de vue et écouter le point de vue des autres.
Expliquer	Donner les éléments nécessaires pour faire comprendre un fait, une situation.
Exprimer son jugement	Donner son avis, son point de vue, sur un fait, une situation, par des arguments réfléchis.
Identifier	Préciser la nature de quelque chose, d'un fait, l'identité d'une personne.
Indiquer	Désigner quelque chose, quelqu'un par des mots précis.
Illustrer	Donner un exemple qui explique une idée générale.
Justifier	Donner des éléments qui prouvent ce que l'on affirme.
Montrer	Faire connaître quelque chose à quelqu'un, en l'expliquant.
Présenter	Faire connaître une personne, une situation, un objet, de manière développée.
Qualifier	Dénommer quelque chose ou quelqu'un en mettant en avant une qualité, une caractéristique.
Raconter	Faire à l'oral ou par écrit le récit d'un fait, d'une situation.
Rédiger	Écrire un texte selon une forme construite.
Repérer	Situer un lieu avec précision. Remarquer quelqu'un, quelque chose, par exemple dans un document.
S'engager	Intervenir dans une action dans laquelle on va s'impliquer.
S'exprimer	Faire connaître sa pensée oralement ou par écrit, avec clarté.

Repères 1

Citoyen français et européen

COMPÉTENCE
Domaine 3 : je fais le lien entre nationalité et citoyenneté.

1 Être ou devenir citoyen français

	Quelles conditions ?	Quand ?	Comment ?
ÊTRE FRANÇAIS			
Droit du sang	• Être né d'au moins un parent français	Dès la naissance	Automatiquement
DEVENIR FRANÇAIS			
Droit du sol	• Être né en France de parents étrangers	• À 18 ans → • À 16 ans → • À 13 ans →	Automatiquement Demande au tribunal d'instance Demande des parents au tribunal d'instance
Mariage	• Être étranger et se marier avec un conjoint français	Après 4 ans de vie commune	Par « déclaration » au tribunal d'instance
Naturalisation	• Être né à l'étranger de parents étrangers • Résider en France depuis plus de 5 ans • Parler français et connaître l'histoire de France • Ne pas avoir été condamné en justice	Dès 18 ans	• Demande à la préfecture • Après acceptation de l'État (qui a le droit de rejeter la demande), puis signature et engagement à respecter la Charte des droits et des devoirs du citoyen français

2 Être citoyen européen

Art. 20-1. Il est institué une citoyenneté de l'Union. Est **citoyen** de l'Union toute personne ayant la **nationalité** d'un État membre. La citoyenneté de l'Union s'ajoute à la citoyenneté nationale et ne la remplace pas.

Art. 20-2. Les citoyens de l'Union [...] ont :

a) le droit de circuler et de séjourner librement sur le territoire des États membres ;

b) le droit de vote et d'éligibilité[1] aux élections au Parlement européen ainsi qu'aux élections municipales dans l'État membre où ils résident, dans les mêmes conditions que les ressortissants de cet État.

Traité sur le fonctionnement de l'Union européenne, 2007.

1. Personne qui a le droit de se présenter à une élection.

Vocabulaire

Citoyen
Personne qui a le droit de participer à la vie politique d'un État.

Nationalité
Tout individu a une nationalité, qui le rattache officiellement à un État et fait de lui un citoyen.

3 Les documents officiels du citoyen français

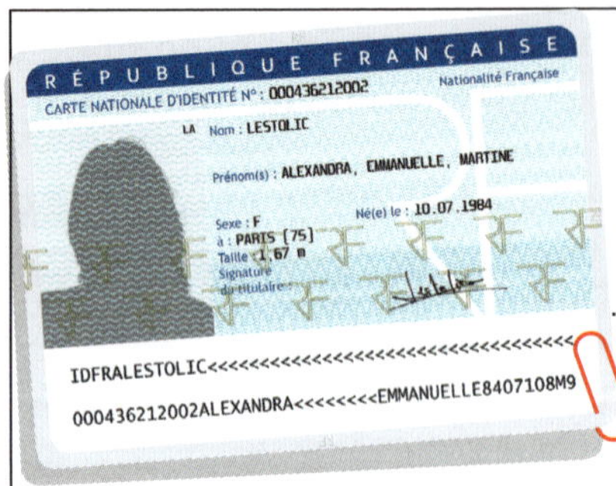

a. La carte nationale d'identité

Document du citoyen

....

....

b. La carte électorale

Document du citoyen

....

....

c. Le passeport

Document du citoyen

....

....

QUESTIONS

1. Doc 1. Citez les quatre façons de devenir citoyen français.

2. Doc 1. Indiquez quelle façon relève d'une décision de l'État.

3. Doc 1 et 2. Complétez le tableau ci-dessous : **lisez** chaque exemple, **répondez** aux questions en **cochant** la bonne réponse, puis **justifiez** votre choix.

	Sont-ils citoyens français ?	Sont-ils citoyens européens ?	Arguments
a. Amel est née en France. Ses deux parents sont étrangers. Elle a 19 ans.	Oui ☐ Non ☐	Oui ☐ Non ☐	
b. Le père de Lucas est japonais, sa mère est française.	Oui ☐ Non ☐	Oui ☐ Non ☐	
c. Shyrel est malienne. Elle vient d'épouser un Français.	Oui ☐ Non ☐	Oui ☐ Non ☐	
d. Léa est née en Italie. Ses parents sont italiens. Elle a 18 ans, et vit en France depuis 5 ans.	Oui ☐ Non ☐	Oui ☐ Non ☐	
e. Flavio est brésilien. Il a 32 ans et vit en France depuis 10 ans. L'État vient de lui accorder la naturalisation française.	Oui ☐ Non ☐	Oui ☐ Non ☐	

4. Doc 1 à 3. Dans le document 3, **indiquez**, pour chaque document officiel s'il concerne le citoyen français uniquement, ou le citoyen à la fois français et européen.

AUTO-ÉVALUATION

J'ai compris que pour être citoyen français et européen, il faut être de nationalité française.

☐ ☐ ☐

Agir 2

Que signifie « être citoyen français » ?

COMPÉTENCE
Domaine 3 : je prends conscience des droits et des devoirs du citoyen français.

CONSIGNE

→ Être citoyen, c'est avoir des droits. Prenez connaissance des documents afin de les identifier et de montrer qu'ils s'accompagnent de devoirs.

1 L'avis des Français sur la citoyenneté

Pour vous, la citoyenneté, c'est avant tout… ?
Plusieurs réponses possibles - Total supérieur à 100 %

Source : sondage OpinionWay pour OuiHop, octobre 2015.
Échantillon de 1 009 personnes représentatif de la population française âgée de 18 ans et plus.

2 Ce que dit la loi

Préambule. Le peuple français proclame solennellement son attachement aux droits de l'Homme et aux principes de la souveraineté nationale tels qu'ils ont été définis par la Déclaration de 1789, confirmée et complétée par le préambule de la Constitution de 1946, ainsi qu'aux droits et devoirs définis dans la Charte de l'environnement de 2004. […]

Art. 3. La souveraineté nationale appartient au peuple […]. Sont électeurs, dans les conditions déterminées par la loi, tous les nationaux français majeurs des deux sexes […].

Constitution de la Vᵉ République, 1958.

3 Payer des impôts, une obligation

Nathan live! VIDÉO

« À quoi servent vos impôts ? », vidéo tirée du documentaire de X. Harel « L'évasion fiscale : le hold-up du siècle », septembre 2013.

4 Voter, un devoir moral

- Le vote n'est pas obligatoire en France, mais nos ancêtres se sont battus pour l'obtenir.
- Les femmes ne peuvent voter que depuis 1944.
- Si on ne respecte pas la loi, on peut être privé de son droit de vote par la justice.

Ministère de l'Intérieur, 2017.

Le savez-vous ?

- La **citoyenneté**, c'est avant tout le droit de participer à la vie politique.
Mais la citoyenneté est plus large : c'est aussi le droit à l'éducation, à la protection de la santé, l'obligation de payer ses impôts… qui s'appliquent à tous les citoyens, mais aussi aux étrangers qui résident en France.

QUESTIONS

1. Doc 1. Parmi les propositions du sondage, laquelle **choisissez-vous** ? **Justifiez** votre réponse.

....

....

....

2. Doc 2 et 4. **Soulignez** dans les documents les mots clés qui caractérisent les droits politiques du citoyen français.

3. Doc 4. **Donnez un argument** pour montrer que, si voter est un droit, c'est aussi un devoir.

....

....

4. Doc 3. **Regardez** attentivement la vidéo, puis, à l'aide des informations, **complétez** le tableau.

Grâce aux impôts que doivent payer les citoyens (taxes et impôts sur le revenu)…	
… que finance l'État ?	**… quels droits sont ainsi garantis aux citoyens ?**
• Pôle Emploi	• Droit au travail
•	• Droit à des conditions de vie décentes
•	• Droit à l'éducation
• Routes	• Droit ....
•	• Droit à la protection de la santé
• Action contre les pollutions	• Droit à ....
• Interventions d'urgence	• Droit à ....

Que **pensez-vous** de l'attitude du père de famille face au montant de l'impôt sur le revenu qu'il doit payer ?

....

....

CE QUE J'AI APPRIS

5. À partir d'exemples, je **rédige** quelques phrases qui **définissent** les droits et les devoirs du citoyen français.

....

....

....

....

....

JE M'ENGAGE

6. Je **prépare des arguments** pour expliquer à l'oral que les citoyens français qui ne respectent pas leurs devoirs mettent en danger les droits de tous.

AUTO-ÉVALUATION

▶ **J'ai compris que pour un citoyen, il n'y a pas de droits sans devoirs.**

Agir 3

Que signifie « être citoyen européen » ?

COMPÉTENCE
Domaine 3 : je comprends qu'être citoyen européen, c'est s'engager.

CONSIGNE

→ L'Union européenne définit dans des textes officiels ce qu'est la citoyenneté européenne. Mais dans la vie quotidienne, comment s'exerce-t-elle ? En vous appuyant sur les documents, caractérisez l'engagement du citoyen européen.

1 Ce que dit la loi

Art. 20-1. Il est institué une citoyenneté de l'Union [européenne]. Est citoyen de l'Union, toute personne ayant la nationalité d'un État membre. La citoyenneté de l'Union s'ajoute à la citoyenneté nationale mais ne la remplace pas.

Art. 20-2. Les citoyens de l'Union [...] ont :

a) le droit de circuler et de séjourner librement sur le territoire des États membres ;

b) le droit de vote et d'éligibilité aux élections au Parlement européen ainsi qu'aux élections municipales dans l'État membre où ils résident, dans les mêmes conditions que les ressortissants de cet État.

Traité sur le fonctionnement de l'Union européenne, 2007.

Préambule. Les peuples de l'Europe [...] ont décidé de partager un avenir pacifique fondé sur des valeurs communes [...] de dignité humaine, de liberté, d'égalité et de solidarité. [L'Union] repose sur le principe de la démocratie [...]. Elle place la personne au cœur de son action [...] en créant un espace de liberté, de sécurité et de justice. [...]

La jouissance de ces droits entraîne des responsabilités et des devoirs tant à l'égard d'autrui qu'à l'égard de la communauté humaine et des générations futures.

Charte des droits fondamentaux de l'Union européenne, 2000.

2 Participer à la vie politique

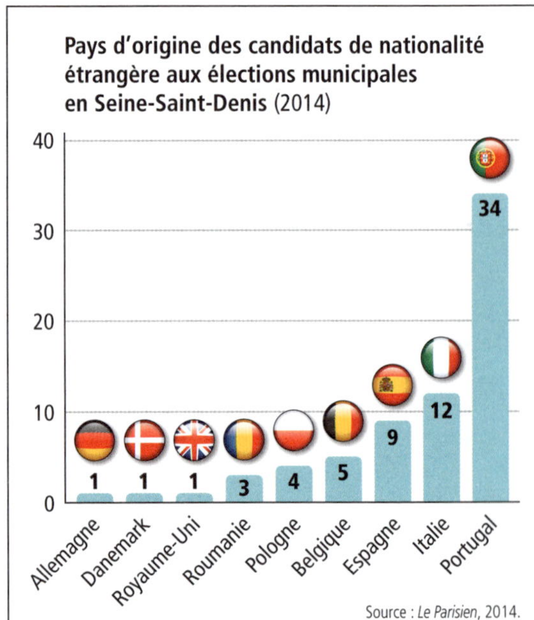

Source : *Le Parisien*, 2014.

« Quand je suis arrivé dans cette ville, j'ai tout de suite voulu participer à la vie de la cité [...]. J'ai donc assisté aux conseils municipaux, j'ai participé à des associations... Quand j'ai été élu, j'ai considéré cela comme un grand honneur. Ce fut pour moi, le Portugais, l'ultime étape de mon intégration. »

Raoul Rosa, de nationalité portugaise, candidat aux élections municipales de Drancy, 2014.

3 S'engager pour le développement durable

Suite à l'Initiative citoyenne « STOP aux déchets plastiques dans la mer », l'Union européenne a imposé aux États membres de réduire l'utilisation des sacs plastiques de 80 % en 2019.

Info !

- L'**Initiative citoyenne européenne** (ICE), mise en place en 2011, permet aux citoyens d'appeler la **Commission européenne à légiférer** (faire une loi) sur un sujet donné : par exemple, l'interdiction du glyphosate pour protéger les populations et l'environnement contre les pesticides toxiques (janvier 2017).
- Elle doit recueillir au moins **un million de signatures** venant de **sept pays européens**.

QUESTIONS

1. Doc 1 à 3. Soulignez dans les documents les droits et les devoirs du citoyen européen.

2. Doc 1 à 3. Citez les domaines dans lesquels s'engagent principalement les citoyens européens. Au nom de quelles valeurs ?

3. Doc 1 et 3. Exprimez votre jugement : pour un citoyen européen, quel est l'intérêt de prendre des Initiatives citoyennes européennes ?

CE QUE J'AI APPRIS

4. À l'aide des documents et de mes réponses aux questions 1 à 3, je **complète** le schéma pour **expliquer** ce que signifie « être citoyen européen ».

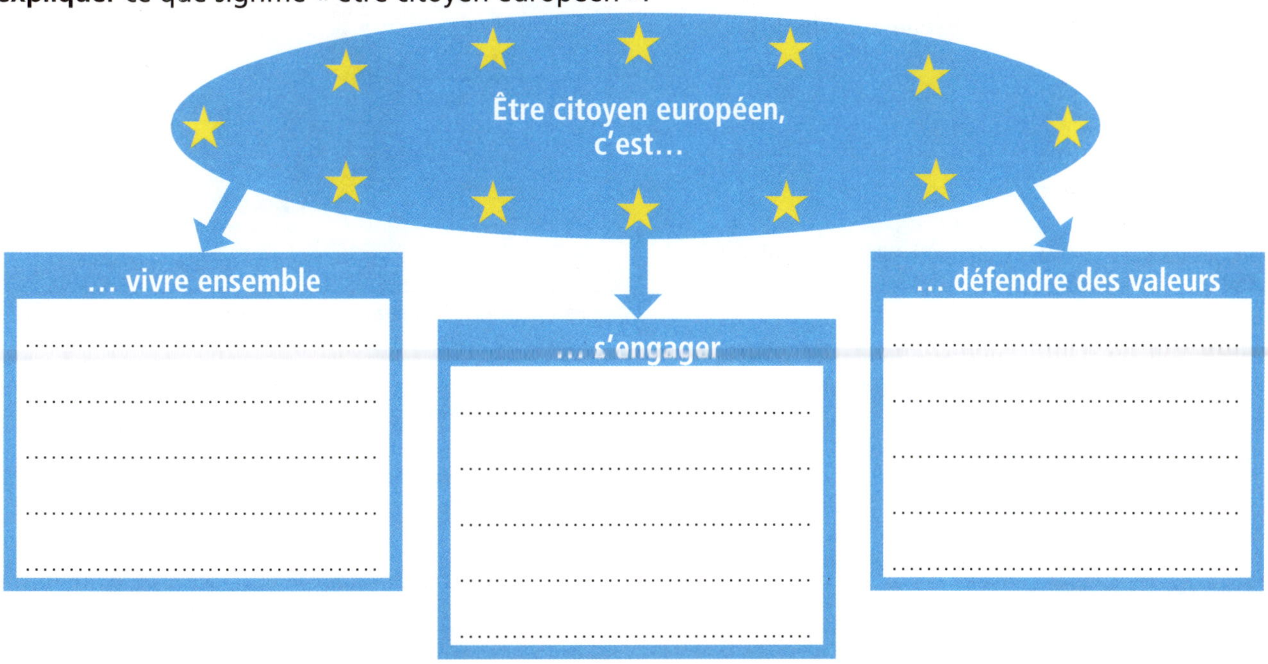

JE M'ENGAGE

5. Être citoyen européen, c'est aussi s'informer. Je **cherche sur internet** la Maison de l'Europe la plus proche de chez moi et je **cite** un exemple de proposition pour devenir un citoyen européen engagé.

AUTO-ÉVALUATION

▸ **Je suis capable d'expliquer que la citoyenneté européenne est un engagement.**

☐ ☐ ☐

Agir 4 — En France, le combat des femmes pour leurs droits politiques

COMPÉTENCE
Domaine 3 : je juge par moi-même l'égalité politique entre les femmes et les hommes.

CONSIGNE

➜ Aujourd'hui en France, le suffrage est universel. Mais il a d'abord été accordé aux hommes. Prenez connaissance des documents afin d'expliquer le combat des Françaises pour obtenir les mêmes droits politiques que les Français.

1 Les étapes de la conquête des droits politiques

1789 Suffrage censitaire masculin.

1848 Suffrage universel masculin.

1880 ....
....
....

1919 Droit de vote aux élections locales accordé aux femmes par la Chambre des députés. Texte de loi repoussé par le Sénat.

1944 ....
....

Années 1990 Combat des femmes pour obtenir la parité en politique.

2000 **Loi du 6 juin 2000 sur la parité politique**
Obligation de présenter un nombre égal de femmes et d'hommes lors des scrutins de listes (élections municipales, régionales, européennes).

2007 Sanctions financières pour les partis politiques qui ne présentent pas autant de femmes que d'hommes aux élections législatives.

2 Dès la fin du XIXe siècle, l'action des suffragettes

DEUXIÈME ANNÉE — LE NUMÉRO : 10 CENTIMES DANS TOUTE LA FRANCE — N° 65 — DU 1er OCTOBRE AU 5 NOVEMBR

LA CITOYENNE

JOURNAL POUR LA REVENDICATION DES

DROITS DE LA FEMME

Est Citoyenne, la Femme qui jouit de l'intégralité de ses Droits et qui est irréprochable dans l'accomplissement de ses Devoirs

ABONNEMENTS POUR 12 NUMÉROS
Paris .... 1 fr. 50 | Départements 2
Étranger .... 3 francs
VENTE EN GROS. — Chez DELATTRE, 10, rue du Croissant, et au Bureau de tabac, 103, boulevard de la Gare.

DIRECTRICE
HUBERTINE AUCLERT

RÉDACTION ET ADMINISTRA
12, rue Cail (faubourg Saint-Denis)

AVIS IMPORTANT

Les actionnaires, abonnés et lecteurs de la Citoyenne, sont instamment priés d'assister à la réunion qui aura lieu le mardi 10 Octobre, à deux heures précises au bureau du journal, 12, rue Cail.

SOMMAIRE

LES TIREUSES DE MARRONS

La Citoyenne, journal fondé en 1880 par Hubertine Auclert, première suffragette française, n°65, octobre-novembre 1889.

Vocabulaire

- **Parité**
Répartition égale des fonctions politiques entre les femmes et les hommes.
- **Suffragettes**
Femmes qui militent pour le droit de vote féminin (en France, de la fin du XIXe siècle jusqu'aux années 1930).

3 Ce que dit la loi

Art. 17. Les femmes sont électrices et éligibles dans les mêmes conditions que les hommes.

Ordonnance portant organisation des pouvoirs publics en France à la Libération, 21 avril 1944.

Art. 1er. [...] La loi favorise l'égal accès des femmes et des hommes aux mandats électoraux et fonctions électives [...].

Constitution de la Ve République, 1958.

Repères

Obtention du droit de vote des femmes dans quelques pays :

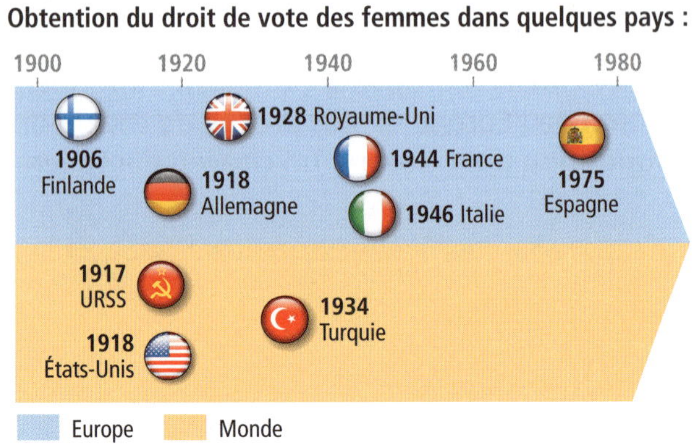

QUESTIONS

1. Doc 1 à 3. Lisez le document 1 et **complétez-le** à l'aide des informations des documents 2 et 3.

2. Doc 1 à 3. Définissez et **datez** les droits revendiqués et obtenus par les Françaises.

3. Doc 1 et 3. Expliquez pourquoi, selon vous, le combat pour l'obtention des droits politiques par les femmes et par les hommes n'est pas comparable.

CE QUE J'AI APPRIS

4. Je **rédige** quelques phrases qui présentent les droits politiques obtenus par les Françaises.

Coup de pouce

- Expliquez les dates **1944** et **2000**.

JE M'ENGAGE

5. Je **mène l'enquête** : dans les différentes instances du collège (conseils de classe, conseil d'administration, conseil de la vie collégienne), les représentants des élèves et des adultes sont-ils, à égalité, féminins et masculins ?

AUTO-ÉVALUATION

▶ **J'ai compris comment ont évolué les droits politiques des femmes.**

Débattre 5

Participer aux élections municipales en France : un droit pour tous les étrangers ?

COMPÉTENCE
Domaine 5 : je me pose des questions sur le fonctionnement des sociétés démocratiques.

1 Un sondage sur l'avis des Français

Êtes-vous favorable ou opposé à la participation des étrangers aux élections municipales ?

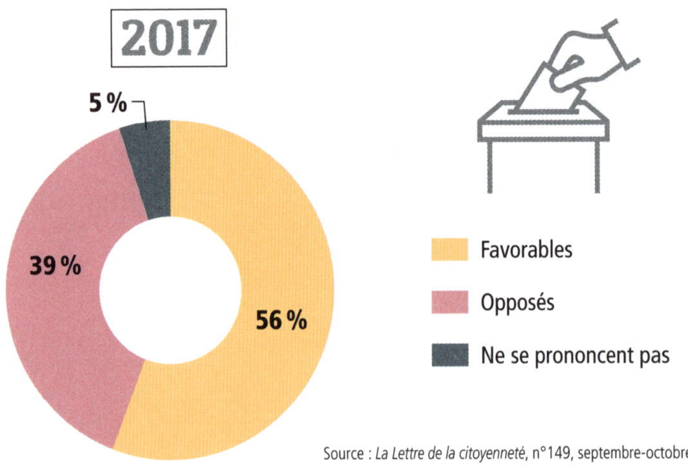

Source : *La Lettre de la citoyenneté*, n°149, septembre-octobre 2017.

2 Ce que dit la loi

Art. 3. [...] Sont électeurs, dans les conditions déterminées par la loi, tous les nationaux français majeurs des deux sexes, jouissant de leurs droits civils et politiques.

Art. 88-3. Selon les modalités prévues par le Traité sur l'Union européenne signé le 7 février 1992, le droit de vote et d'éligibilité aux élections municipales peut être accordé aux seuls citoyens de l'Union résidant en France. Ces citoyens ne peuvent exercer les fonctions de maire ou d'adjoint ni participer à la désignation des sénateurs.

Constitution de la Ve République, 1958.

3 Droit de vote des étrangers : pour ou contre ?

Appliquons la loi de la République ! Seuls les Français et les étrangers européens ont le droit de voter aux élections municipales.

Si un étranger non européen veut voter, pourquoi ne demande-t-il pas la naturalisation ?

Mes parents vietnamiens résident en France depuis plus de 30 ans et n'ont pas le droit de voter. Moi, leur fille de 20 ans, je suis née en France, et je vote. C'est injuste !

Pourquoi le citoyen allemand qui réside en France a le droit de participer aux élections municipales, et pas le citoyen russe, ni la citoyenne brésilienne… Ils sont pourtant des étrangers, à égalité.

Les étrangers n'ont pas à voter en France puisqu'ils votent dans leur pays d'origine.

Français et étrangers, on vit ensemble, alors on doit voter ensemble !

4 Droit de vote des étrangers : et ailleurs ?

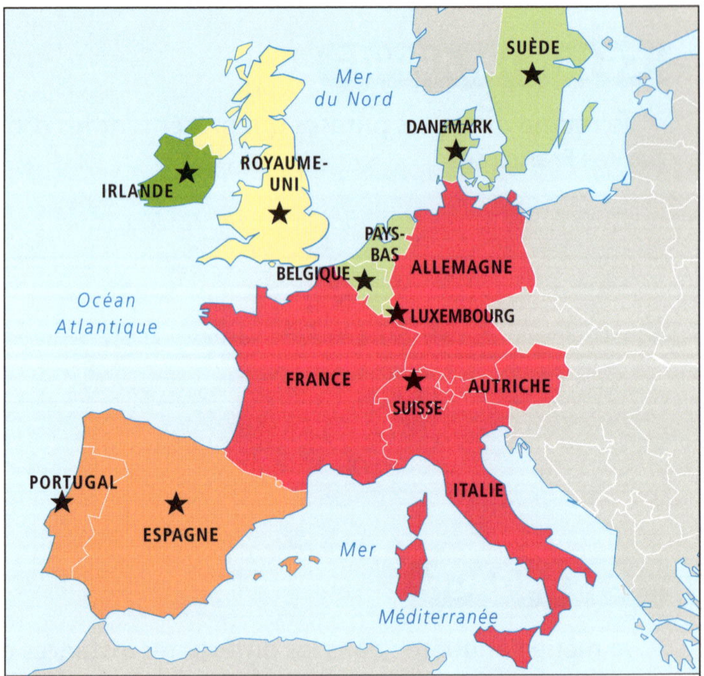

Pas de droit de vote des étrangers non-européens

Droit de vote accordé :

- aux ressortissants de certains pays, sous réserve de réciprocité[1]
- aux citoyens du *Commonwealth* (Afrique du Sud, Australie, Canada, Inde, Rwanda)
- à tous les étrangers sur le territoire depuis quelques années
- à tous les étrangers sans durée minimale de résidence

★ Les étrangers pouvant voter sont éligibles aux assemblées municipales

Source : Sénat, 2017.

1. À condition que les mêmes droits soient accordés dans les pays d'où sont originaires les personnes qui bénéficient de droits politiques dans leur pays d'accueil.

Étape 1 J'analyse le thème du débat

1. Doc 1, 2 et 4. En une phrase, **résumez à l'oral** l'idée générale de chaque document.

2. Doc 2 et 3. Identifiez les deux catégories d'étrangers qui résident en France. Sont-elles considérées à égalité ?

....

....

Étape 2 Je participe au débat en classe

3. Participer aux élections municipales en France : un droit pour tous les étrangers ?

a. Avant le débat : je note dans le tableau les arguments qui correspondent à mon point de vue.

b. Pendant le débat : je note les arguments des autres élèves.

c. Après le débat : j'entoure dans le tableau les arguments avec lesquels je suis d'accord.

	Arguments pour le vote de tous les étrangers aux élections municipales	Arguments contre le vote de tous les étrangers aux élections municipales
Mes arguments		
Les arguments des autres élèves		

Étape 3 Je m'engage en exprimant mon point de vue

4. À la suite du débat en classe, j'**exprime** mon point de vue de manière responsable sur le vote de tous étrangers aux élections municipales.
Ai-je changé d'avis après le débat ? Pourquoi ?

....

....

....

....

....

....

....

AUTO-ÉVALUATION

Je sais argumenter de manière responsable.

☐ ☐ ☐

Je retiens

Être citoyen français et citoyen européen

A Nationalité et citoyenneté française

- Depuis la Révolution de 1789, les Français sont des **citoyens**. Ensemble, ils ont construit la **nation** française. Pour être citoyen français, il faut être **majeur** et avoir la **nationalité française**. Celle-ci est acquise par le **droit du sang**, par le **droit du sol**, par **mariage** ou par **naturalisation**. → voir p. 6-7.
- La citoyenneté donne au citoyen français des **droits politiques**, c'est-à-dire le droit de participer à la vie politique de son pays. **Électeur** et **éligible**, il concourt à l'élaboration de la loi. Mais le **suffrage universel** a mis du temps avant de s'installer définitivement. Le **droit de vote** a d'abord été accordé aux hommes (1848), puis aux femmes (1944) après un long combat. → voir p. 8-9 et p. 12-13.

B Citoyens européens et étrangers

- Les **citoyens français** sont aussi **citoyens européens**, ce qui leur donne le droit de participer à l'élection du Parlement européen. Les citoyens des États de l'Union européenne résidant en France ont le droit de participer aux **élections municipales** et aux **élections européennes**. En revanche, les autres étrangers n'ont pas le droit de voter. → voir p. 10-11, 14-15.
- Qu'ils soient citoyens français ou étrangers, tous en France disposent de **droits civils** et de **droits sociaux**. Ces droits sont limités par des **obligations** (respecter la loi, payer l'impôt, les cotisations sociales...). Dans la société, chacun doit s'engager à **respecter les autres**, et assumer ses responsabilités dans **l'intérêt général**. → voir p. 8-9.

Les mots importants

Citoyen
Personne qui a le droit de participer à la vie politique d'un État.

Droits civils
Droit au respect de la vie privée, droit d'aller et venir, liberté de conscience et de religion, liberté d'expression...

Droits politiques
Droit de participer à la vie politique de son pays, par le droit d'être électeur et éligible.

Droits sociaux
Droits garantis par l'État au nom de l'égalité et de la solidarité. Ils donnent à tous accès aux services publics, pour répondre aux besoins de la population (éducation, santé...).

Nation
Communauté humaine vivant sur un même territoire et affirmant sa volonté de vivre ensemble en respectant les mêmes lois.

Nationalité
Tout individu a une nationalité, qui le rattache officiellement à un État et fait de lui un citoyen.

Les Valeurs de la République

▶ Citoyenneté

La **citoyenneté** organise une société, celle de la communauté des citoyens. Égaux devant la loi, ceux-ci détiennent la souveraineté politique par l'élection de leurs gouvernants.

Les citoyens et leurs élus sont unis par des droits et des devoirs réciproques, dont le respect garantit la **démocratie**.

Je révise chez moi

→ *Je vérifie que je connais l'essentiel du chapitre.*

Je sais définir et utiliser dans une phrase :
- ✓ nationalité française
- ✓ citoyen
- ✓ citoyenneté européenne

Je sais expliquer :
- ✓ les droits et les devoirs des citoyens français
- ✓ les droits et les devoirs des étrangers résidant en France
- ✓ le combat des Françaises pour devenir citoyennes

Je m'engage et j'argumente :
- ✓ Que signifie « le citoyen doit assumer ses responsabilités » ?
- ✓ Comment et pourquoi s'engager pour l'Europe ?
- ✓ Que l'on soit Français ou étranger résidant en France, pourquoi doit-on se respecter ?

→ *Je teste mes connaissances avec des quiz interactifs.* Nathan live! QUIZ INTERACTIFS

Apprendre avec le sketchnoting

Le sketchnoting est un outil créatif et efficace pour retenir des informations. Cette méthode simplifie votre cours en mêlant de l'écrit et des images simples.

Comment réaliser une sketchnote ?

1 Choisissez un sens de lecture qui vous convient.

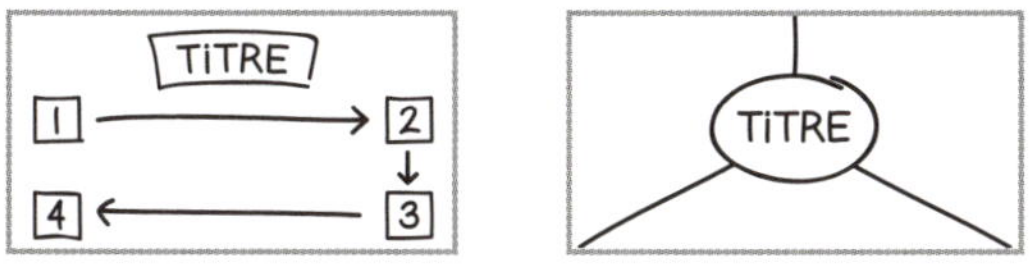

2 Utilisez des flèches et des puces pour organiser les idées.

3 Proposez des titres et des sous-titres.

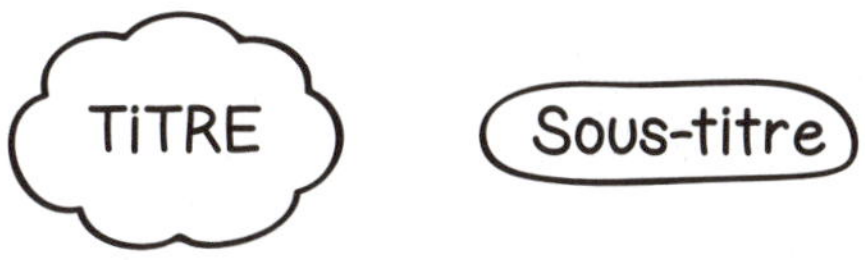

4 Dessinez (faites simple) et notez ce qui est le plus important.

Un exemple : sketchnote de la première partie du « je retiens » p. 16.

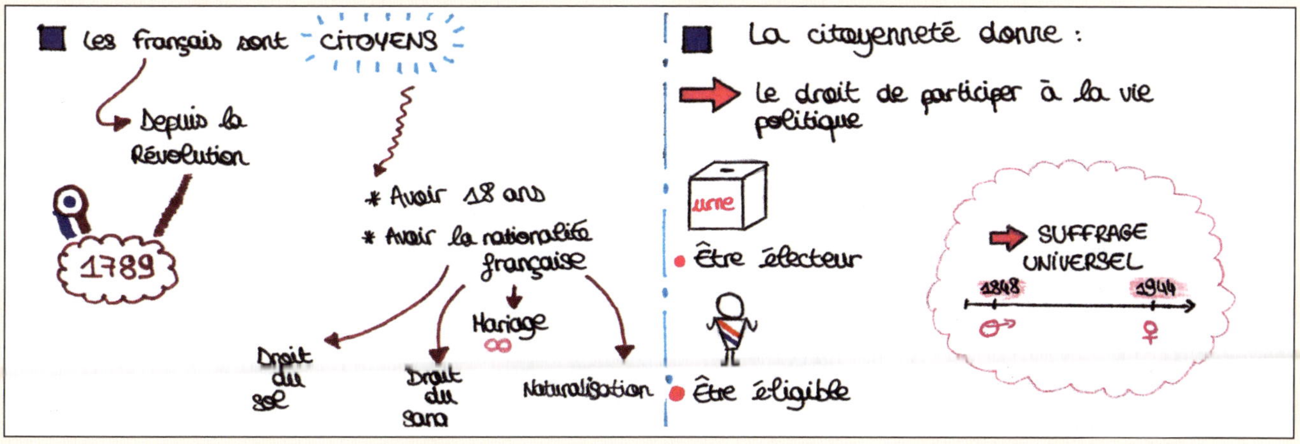

À vous de jouer ! Réalisez une sketchnote de la partie B p. 16.

J'applique ce que j'ai appris

EXO

1 J'analyse ce que signifie « devenir français »

1 Une cérémonie de naturalisation

« Naturalisation : ils obtiennent la nationalité française », reportage diffusé par Tébéo, juillet 2016.

2 Ce que dit la loi

Art. 21-24. Nul ne peut être naturalisé s'il ne justifie de son assimilation[1] à la communauté française, notamment par une connaissance suffisante de la langue, de l'histoire, de la culture et de la société françaises, [...] et des droits et devoirs conférés par la nationalité française ainsi que par l'adhésion aux principes et aux valeurs essentiels de la République.

À l'issue du contrôle de son assimilation, l'intéressé signe la charte des droits et devoirs du citoyen français. Cette charte[2], approuvée par décret [...] rappelle les principes, valeurs et symboles essentiels de la République française.

Code civil.

1. Pour l'étranger résidant en France, adhésion aux valeurs et principes de la République, et connaissance de la culture française. 2. Texte officiel qui a donné lieu à un décret paru au *Journal officiel de la République française* du 31 janvier 2012.

a. Doc 1. Nommez cette cérémonie et **présentez** son déroulement.

....

....

....

b. Doc 1. Dans la vidéo, **choisissez** une personne et **décrivez** son parcours.
Avec vos camarades, **mettez en commun** les informations que vous avez relevées.

Qui ?	Pourquoi devenir français ?	Comment ?
....	....	....
....	....	....
....	....	....
....	....	....

c. Doc 2. Soulignez dans le texte de loi les conditions qui permettent à une personne étrangère résidant en France d'obtenir de l'État la naturalisation française.

d. Doc 1 et 2. Expliquez pourquoi signer la charte des droits et devoirs du citoyen est un engagement pour la personne qui accède à la citoyenneté française.

....

....

....

....

AUTO-ÉVALUATION

▶ **J'ai compris que devenir français signifie avoir des droits et des devoirs.**

☐ ☐ ☐

Je m'entraîne

EXO

2 J'analyse l'engagement d'une citoyenne européenne

1 Une Européenne s'engage pour les droits humains

Elisa Di Francisca, escrimeuse italienne sur le podium des Jeux olympiques à Rio en 2016, brandit le drapeau européen : « Je l'ai fait pour les victimes des attentats de Paris (2015) et Bruxelles (2016), et pour dire que l'Europe existe et qu'elle est unie contre le terrorisme ».

2 Ce que dit la loi

Les peuples de l'Europe, en établissant entre eux une union sans cesse plus étroite, ont décidé de partager un avenir pacifique fondé sur des valeurs communes […] indivisibles et universelles de dignité humaine, de liberté, d'égalité et de solidarité. [L'Union] repose sur le principe de la démocratie […]. Elle place la personne au cœur de son action […] en créant un espace de liberté, de sécurité et de justice […].

La jouissance de ces droits entraîne des responsabilités et des devoirs, tant à l'égard d'autrui qu'à l'égard de la communauté humaine […].

Charte des droits fondamentaux de l'Union européenne, 2000.

Info !

- Le **drapeau européen** est constitué d'un cercle de douze étoiles dorées sur fond bleu. Les étoiles symbolisent les idéaux d'unité, de solidarité et d'harmonie entre les peuples d'Europe.

a. Doc 1. Indiquez dans quelles circonstances Elisa Di Francisca a brandi le drapeau européen.

b. Doc 2. Dans l'extrait de la Charte des droits fondamentaux de l'Union européenne, **soulignez** les valeurs des Européens.

c. Doc 1 et 2. Expliquez pourquoi le geste de cette athlète symbolise l'importance de ces valeurs dans le monde actuel.

AUTO-ÉVALUATION

▶ **J'ai compris qu'être citoyen européen, c'est s'engager pour des valeurs communes.**

☐ ☐ ☐

Situation pratique L'exercice de la citoyenneté dans la démocratie

1 Infographie du ministère de l'Intérieur (28 octobre 2016)

2 Témoignages de jeunes citoyens

Jeunes qui votaient pour la première fois en 2017, interrogés sur un compte Facebook.

Miguel

« Pour moi, le vote se fait en amont du moment où on donne notre bulletin de vote. Il faut lire les programmes […], regarder les lois dont [les candidats] parlent. C'est une chose importante pour moi d'aller voter […] parce qu'il faut choisir le Président qui pourra œuvrer le plus possible pour le bien commun. »

Damien

« Je me déplacerai aux urnes pour améliorer ma vie, celle des autres et celle des générations futures. »

Clarisse

« J'irai voter par conviction, car je crois en certaines valeurs que je retrouve chez certains candidats. La France a besoin de s'unir, elle ne doit pas céder à la peur, à la haine. »

Extrait du journal *Libération*, 8 mars 2017.

QUESTIONS

1. Nommez le thème commun aux deux documents.

....

....

....

....

....

....

Aide
▶ **Identifiez** les mots clés des documents qui illustrent l'exercice de la citoyenneté.

2. Indiquez qui peuvent être ces jeunes qui s'expriment dans les deux documents : **soulignez** les bonnes réponses.

a. Des jeunes d'un pays de l'Union européenne

b. Des jeunes Français

c. Des jeunes étrangers

d. Des jeunes qui ont obtenu la naturalisation française

Aide
▶ **Relisez** « Je retiens » page 16.

3. **Classez** dans le tableau les informations des documents qui définissent :

> **Aide**
> **Réactivez** vos connaissances en définissant les mots des intitulés du tableau :
> - **Citoyen :** pages 6 et 16.
> - **Droits et devoirs politiques du citoyen :** pages 8 et 16.
> - **Démocratie :** page 92.

Les droits du citoyen	....
Les devoirs du citoyen	....
La démocratie	....

4. **Expliquez**, selon vous, ce que veut dire Clarisse dans les extraits soulignés du document 2.

....

> **Aide**
> - **Citez** des valeurs de la République.
> - **Justifiez** le point de vue de Clarisse sur la France.

5. En France, l'abstention aux élections politiques est souvent élevée. **Argumentez** pour convaincre un proche de votre entourage de l'importance de voter dans une démocratie.

....

> **MÉTHODE**
> **Que signifie « argumenter » ?**
> - **Affirmer** son point de vue en réponse à une question.
> - **Convaincre** en justifiant son point de vue par des preuves.
> - **Montrer** que son point de vue défend l'intérêt général.

Repères 6

Les symboles de la République française

COMPÉTENCE

Domaine 3 : je reconnais et je comprends les symboles de la République française.

1 ....

Cérémonie du 8 Mai à l'Arc de triomphe à Paris en 2016.

2 ....

La Liberté guidant le peuple (détail), Eugène Delacroix, 1830, musée du Louvre, Paris.

Le savez-vous ?

- Le personnage du tableau porte le « **bonnet phrygien** », symbole de liberté, porté par les esclaves affranchis dans l'Antiquité, en Grèce et à Rome.

3 ....

Hôtel de ville d'Aurillac (Cantal).

4 ....

Couverture d'une partition, 1880.

QUESTIONS

1. Doc 1 à 5. Indiquez le nom des symboles de la République française au-dessus des photographies qui les représentent.

2. Doc 1 à 4. Donnez du sens à ces symboles en complétant le tableau suivant :

5 Ce que dit la loi

Art. 2. L'emblème national est le drapeau tricolore, bleu, blanc, rouge.
L'hymne national est la « Marseillaise ».
La devise de la République est « Liberté, Égalité, Fraternité ».

Constitution de la Vᵉ République, 1958.

Art. 433-5-1. Le fait, au cours d'une manifestation organisée ou réglementée par les autorités publiques, d'outrager publiquement l'hymne national ou le drapeau tricolore est puni de 7 500 euros d'amende.

Code pénal.

Symbole	Quelle origine ?	À quelle occasion rencontrez-vous ces symboles au quotidien ?
Doc 1	....	....
Doc 2	....	....
Doc 3	....	....
Doc 4	....	....

Coup de pouce

- Retrouvez l'histoire des symboles en vidéo.

Nathan live! VIDÉO

3. Doc 1 à 5. Exprimez votre jugement : selon vous, pourquoi ces symboles sont-ils inscrits dans la loi ?

....

....

....

....

....

AUTO-ÉVALUATION

▶ J'ai pris conscience que des symboles unissent les citoyens autour de la République.

☐ ☐ ☐

Agir 7

La fête nationale et la fête de l'Europe

COMPÉTENCE

Domaine 3 : je comprends les symboles et les valeurs de la citoyenneté française et de la citoyenneté européenne.

CONSIGNE

→ Aujourd'hui, en France, on célèbre officiellement le 14 Juillet, fête nationale, et le 9 Mai, fête de l'Europe. Prenez connaissance des documents afin d'expliquer ce que signifient ces deux dates pour les citoyens.

1 Le 14 Juillet, fête nationale

a. 14 juillet 1880 : la première fête nationale

Le 14 Juillet symbolise la prise de la Bastille (1789) et la fête de la Fédération (1790). Lithographie anonyme, 1880.

b. 14 juillet 2017 : le défilé des Armées

Cérémonie annuelle sur les Champs-Élysées et la place de la Concorde, symbole de la République unie.

2 Le 9 Mai, journée de l'Europe

a. 9 mai 1950 : la naissance d'une Europe unie

« L'Europe ne se fera pas d'un coup, ni dans une construction d'ensemble : elle se fera par des réalisations concrètes créant d'abord une solidarité de fait. »

Nathan live! VIDÉO

Extrait du discours de Robert Schuman, ministre français des Affaires étrangères et « père de l'Europe », 9 mai 1950. Archives INA.

b. La fête de l'Europe aujourd'hui

Affiche, Aix-en-Provence, 2015.

QUESTIONS

1. Doc 1. Observez ces images et **relevez** les éléments qui symbolisent la République française.

....

....

2. Doc 2. Citez les mots clés qui sont, pour Robert Schuman, les objectifs de l'Europe après la Seconde Guerre mondiale.

....

3. Doc 1 et 2. À l'aide des documents et de ce que vous connaissez, **complétez** le tableau pour **caractériser** ces deux journées commémoratives.

	Le 14 Juillet	Le 9 Mai
Les origines		
Les lieux de commémoration		
Les actions		
Les participants		
Les valeurs		

CE QUE J'AI APPRIS

4. Je **rédige** quelques phrases pour montrer que ces journées illustrent, pour le 14 Juillet, les valeurs de la République française, et pour le 9 Mai, les valeurs de l'Union européenne.

....

....

....

....

JE M'ENGAGE

5. Avec ma classe, j'**organise un sondage** auprès des élèves de mon collège sur le 14 Juillet et le 9 Mai. J'**écris** les questions que je voudrais poser.

Exemple : *Que représente pour vous le 14 Juillet ? Et le 9 Mai ?* ....

....

....

....

AUTO-ÉVALUATION

▶ **J'ai pris conscience du sens de ces journées commémoratives pour les citoyens.**

☐ ☐ ☐

Agir 8

La laïcité dans la République française

COMPÉTENCE
Domaine 3 : je mets en pratique le principe de laïcité.

CONSIGNE

➜ Lors de la Journée nationale de la laïcité le 9 décembre, votre classe a pour mission d'expliquer aux élèves du collège pourquoi il est important de respecter la laïcité, au quotidien. À l'aide des documents, préparez cette journée en vous informant précisément sur ce qu'est la laïcité.

1 La laïcité a une histoire

Nathan live! VIDÉO

« La laïcité en trois minutes ou presque », vidéo de l'association Coexister, lauréate d'une mention spéciale du prix de la laïcité de la République française en 2016.

2 Ce que dit la loi

Art. 10. Nul ne doit être inquiété pour ses opinions, mêmes religieuses, pourvu que leur manifestation ne trouble pas l'ordre public.

Déclaration des droits de l'Homme et du citoyen, 1789.

Art. 1er. La République assure la liberté de conscience. Elle garantit le libre exercice des cultes sous les seules restrictions ci-après dans l'intérêt de l'ordre public.

Art. 2. La République ne reconnaît, ne salarie ni ne subventionne aucun culte.

Loi de séparation des Églises et de l'État, 1905.

Art. L.141-5-1. *(ajouté par la loi du 15 mars 2004)*

Dans les écoles, les collèges et les lycées, le port de signes ou tenues par lesquels les élèves manifestent ostensiblement une appartenance religieuse est interdit [...].

Code de l'éducation.

3 Paroles de jeunes

La grande sœur. — Au centre de loisirs, chez toi ou dans la rue, tu peux, contrairement à l'école, porter des signes mettant en avant tes idées ou ta religion si tu en as.

Olivier. — Être différents, ça n'empêche pas d'être égaux ?

La grande sœur. — La laïcité permet d'avoir les mêmes droits, qu'importe ce à quoi les habitants croient. [...] La France n'impose pas une religion. Elle permet à toutes d'exister.

Olivier. — Si j'ai bien compris, on peut croire en dieu, on peut aussi ne pas croire en dieu. [...] Mais j'entends parfois des idées qui me dérangent !

La grande sœur. — On a tous le droit d'exprimer librement ses idées, mais toujours dans le respect des autres et de la loi. [...] Cela permet de discuter, de réfléchir [...]. La laïcité permet de vivre tous ensemble, en paix.

Fetitsa (la petite sœur). — C'est vrai. On vit dans un pays libre. On trouve ça normal, mais ça n'a pas toujours été comme ça.

Olivier sur le chemin de la laïcité, « Repères pour éduquer, juniors », cidem.org, 2014.

4 Les enfants de la République

Eddy Khaldi, *ABC de la laïcité pour les jeunes*, Éditions Démopolis, 2016. Illustration d'Éric Degive.

QUESTIONS

1. Doc 1 et 2. À l'aide des informations de la vidéo et du document 2, **identifiez** les étapes de la mise en œuvre de la laïcité en France en complétant les encadrés de la chronologie.

1789
→ Texte officiel : ....
→ Mise en œuvre : ....

1905
→ Texte officiel : ....
→ Mise en œuvre : ....

2004
→ Texte officiel : ....
→ Mise en œuvre : ....

1800 — 1850 — 1900 — 1950 — 2000

1882
→ Texte officiel : ....
→ Mise en œuvre : ....

1958
→ Texte officiel : ....
→ Mise en œuvre : ....

2013
→ Texte officiel : ....
→ Mise en œuvre : ....

2. Doc 3 et 4. Expliquez comment la laïcité donne le droit d'être à la fois « différents et égaux ».

....

....

....

....

....

Coup de pouce
- Aidez-vous de la Charte de la laïcité à la fin de votre cahier.

CE QUE J'AI APPRIS

3. En prenant appui sur les documents analysés, je **définis** la laïcité en **citant** les mots et expressions qui la caractérisent, et permettent de vivre ensemble.

....

....

....

....

JE M'ENGAGE

4. Je souhaite **sensibiliser** les élèves à la Journée de la laïcité à l'École de la République du 9 décembre. Je **décris** l'action que j'aimerais proposer.
Exemple : *un blog sur le site internet du collège sur l'égalité filles-garçons.*

....

....

....

....

AUTO-ÉVALUATION

▶ **J'ai compris le lien entre la laïcité et les valeurs de liberté, d'égalité, de fraternité.**

☐ ☐ ☐

Débattre 9 — Le collège est-il un lieu de citoyenneté ?

COMPÉTENCE
Domaine 3 : je participe de manière responsable à l'amélioration de la vie commune.

1 Candidate à l'élection des délégués de classe

« J'ai trois grands souhaits : parvenir à une plus grande solidarité entre tous les élèves de la classe, à une meilleure communication entre la direction et nous et, enfin, participer au concours national organisé cette année sur l'écologie.

Je compte créer un blog commun pour la classe. On pourra y échanger des conseils, savoir qui est malade pour prendre des feuilles pour lui, se rappeler les devoirs, etc.

J'envisage d'organiser une rencontre mensuelle sur le temps de midi entre les délégués de classe et le professeur principal. À cette occasion, je transmettrai vos messages. »

Extrait du programme de Léane, candidate à l'élection des délégués de classe. www.lesdelegues.net, 2018.

2 Diversité et égalité

Affiche de l'Observatoire des inégalités « 5e prix jeunesse pour l'égalité », 2018.

3 Enzo, élève de cinquième

« On m'a toujours traité d'intello à l'école à cause de mes notes. Moi, je les ignorais, je me disais que… ils étaient jaloux. Un jour, à la récréation, je me suis pris le ballon en pleine tête, fort. Ils ont tous éclaté de rire et ils ont recommencé à jouer comme s'il ne s'était rien passé. C'était pour rire, quoi.

La purée à la cantine aussi, c'était une blague… Me voler ma chaussure, c'était pour rire…

Mais moi, à l'intérieur, j'étais en colère. Le soir, j'avais envie de tout casser dans ma chambre. J'avais des idées noires… très noires. Mes notes ont chuté. Ma mère ne comprenait pas. Heureusement que le prof de Français m'a poussé à en parler.

C'était pour rire, mais quelque chose de pas drôle du tout aurait pu m'arriver ».

STOP la violence, Tralalère, 2018.

4 Ce que dit le règlement intérieur

Les principes

Le règlement intérieur garantit : le respect des principes de laïcité, la liberté d'information et d'expression, le devoir de tolérance, la protection contre toutes les agressions, l'apprentissage de la responsabilité par les élèves. En conséquence, outre la transmission des savoirs et des savoir-faire, l'établissement a le devoir de former de futurs citoyens responsables. […]

Règlement intérieur du collège Pierre Mendès-France, Arques (Pas-de-Calais), 2018.

Étape 1 J'analyse le thème du débat

1. Doc 1 à 4. Lisez les documents, et **résumez** ce que chacun dit au sujet de la citoyenneté.

Étape 2 Je participe au débat en classe

2. Le collège est-il un lieu de citoyenneté ?

a. Avant le débat : dans le tableau, en prenant appui sur les documents et sur mon expérience au collège, je note mes arguments.

b. Pendant le débat : je note les arguments des autres élèves.

c. Après le débat : j'entoure dans le tableau les arguments avec lesquels je suis d'accord.

	Le collège est un lieu de citoyenneté	Le collège n'est pas un lieu de citoyenneté
Mes arguments		
Les arguments des autres élèves		

Étape 3 Je m'engage en exprimant mon point de vue

3. À la suite du débat en classe, je **rédige** quelques phrases qui expriment de manière responsable mon point de vue sur la citoyenneté au collège. Ai-je changé d'avis après le débat ? Je **justifie** ma réponse.

AUTO-ÉVALUATION

▶ **J'ai pris conscience qu'être citoyen au collège, c'est s'engager pour vivre ensemble dans le respect.**

☐ ☐ ☐

Je retiens

Principes, valeurs et symboles de la citoyenneté

A Des symboles unissent les citoyens

• Les **citoyens** français se reconnaissent dans des **symboles**. Certains, hérités de la **Révolution de 1789**, sont inscrits dans la **Constitution de la Ve République** : le **drapeau** bleu, blanc, rouge, emblème de la **nation** ; la ***Marseillaise***, hymne national ; la **devise** « Liberté, Égalité, Fraternité ». D'autres ont été créés par la République : le **14 Juillet**, devenu en 1880 le jour de la fête nationale ; **Marianne**, allégorie de la République et de la liberté. → voir p. 22-23, 24-25.

• En tant que **citoyens européens**, les Français se retrouvent dans les symboles de l'**Union européenne** : la **devise** « Unie dans la diversité » ; le **drapeau** avec 12 étoiles jaunes sur fond bleu ; l'**hymne** *L'Ode à la joie* ; le **9 Mai**, journée de l'Europe ; la **monnaie unique**, l'euro. → voir p. 24-25, 33.

B Les citoyens partagent des principes et des valeurs

• La **Constitution** proclame que « la France est une République **indivisible**, laïque, démocratique et sociale ». Depuis la loi de séparation des Églises et de l'État (1905), la **République est laïque**. Elle est neutre face aux religions. Elle garantit à tous la liberté de conscience et le libre exercice des cultes. La laïcité s'applique et s'apprend à l'école (**Charte de la laïcité**). → voir p. 26-27.

• Les citoyens adhèrent aux **valeurs** qui permettent de **vivre ensemble** dans le respect des **différences**. Elles sont celles de la République française et de l'Union européenne : **liberté, égalité, fraternité, solidarité, respect de la dignité humaine**. Elles caractérisent la **démocratie**. → voir p. 28-29.

Les mots importants

Citoyen
Personne qui a le droit de participer à la vie politique d'un État.

Citoyen européen
Personne qui a la nationalité d'un des États membres de l'Union européenne.

Démocratie
Régime politique dans lequel le peuple exerce le pouvoir. Les opinions peuvent s'y exprimer librement et les gouvernants sont désignés par le peuple lors d'élections libres.

Indivisible
Qui ne peut être séparé.

Nation
Communauté humaine vivant sur un même territoire et affirmant sa volonté de vivre ensemble en respectant les mêmes lois.

Les Valeurs de la République

La devise

Liberté. Après 1789, les libertés fondamentales sont reconnues à tous les êtres humains. Mais elles doivent s'exercer dans le respect de celles des autres.

Égalité. La Déclaration des droits de l'Homme et du citoyen (1789) proclame que les êtres humains naissent et demeurent égaux en droits. Sans égalité, il n'y a pas de véritable liberté.

Fraternité. Elle se manifeste par l'entraide et l'engagement, conformément à l'article 1er de la Déclaration universelle des droits de l'Homme (1948).

Je révise chez moi

→ *Je vérifie que je connais l'essentiel du chapitre.*

Je sais définir et utiliser dans une phrase :
- ✓ nation
- ✓ citoyenneté européenne
- ✓ égalité

Je sais expliquer :
- ✓ le sens des symboles de la République française
- ✓ le sens des symboles de l'Union européenne
- ✓ le principe de laïcité

Je m'engage et j'argumente :
- ✓ La fête du 14 Juillet et la journée de l'Europe sont-elles nécessaires ?
- ✓ Peut-on être unis si l'on est différents ?
- ✓ Les collégiens sont-ils des citoyens ?

→ *Je teste mes connaissances avec des quiz interactifs.* Nathan live! QUIZ INTERACTIFS

Apprendre en réalisant une fiche illustrée

Une fiche illustrée rassemble les informations les plus importantes de la leçon. Elles sont présentées de manière créative et ludique (dessins, illustrations, cartes, frises, mots clés illustrés, post-it…).

Comment réaliser votre fiche illustrée ?

1. Lisez la leçon et identifiez les mots clés et les thèmes importants.
2. Trouvez ou imaginez des illustrations sur les thèmes abordés.
3. Collez ou dessinez les illustrations dans les cases correspondantes.
4. Vous pouvez utiliser de la couleur ou différents matériaux (post-it, fiche bristol...).

À vous de jouer !

1 Symboles de la République

Devise ....

Drapeau tricolore ....

....

....

2 Symboles de l'Union européenne

DEVISE

Unie dans la diversité

La journée de l'Europe ....

le 9 Mai ....

....

....

3 Principes de la République

La République est laïque

La République est ....

4 Valeurs de la République

....

....

....

J'applique ce que j'ai appris

EXO

1 Je comprends que la *Marseillaise* est un symbole de la République

1 La *Marseillaise*, extraits

Carte postale (détail), 1904.

Le savez-vous ?

- D'après une loi de 2005, la *Marseillaise* doit être apprise par tous les élèves à l'école primaire.

2 La *Marseillaise* à l'école

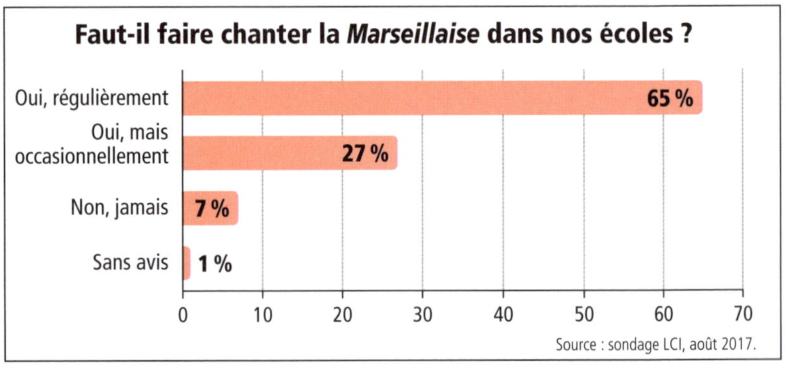

a. Doc 1. À partir de vos connaissances, **présentez** le contexte de la naissance de ce chant.

....

....

....

b. Doc 1. Exprimez votre point de vue : quel sens cet hymne peut-il avoir aujourd'hui ?

....

....

....

c. Doc 2. Expliquez quels peuvent être les arguments de ceux qui souhaitent faire chanter la *Marseillaise* dans les écoles, et les arguments de ceux qui sont contre.

....

....

....

....

d. Si vous aviez été contacté pour le sondage, qu'auriez-vous répondu ? **Justifiez** votre réponse.

....

....

....

AUTO-ÉVALUATION

▶ Je sais expliquer le sens de l'hymne national dans la République française.

☐ ☐ ☐

Je m'entraîne

EXO

2 Je comprends avec le numérique les symboles de l'Union européenne

1. Rendez-vous sur le site internet https://europa.eu.

→ **Allez** dans la rubrique « À propos de l'UE », puis « Symboles de l'UE ».

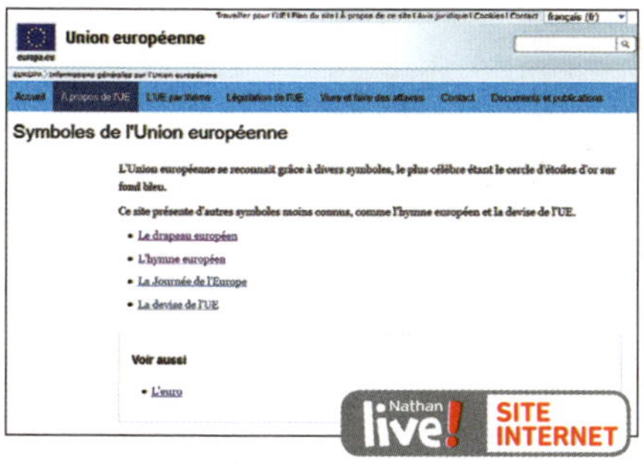

2. Regardez cette vidéo du ministère de l'Europe et des Affaires étrangères (2017).

a. Recherchez l'origine et le sens des symboles de l'Union européenne, puis **complétez** le tableau.

Symbole	Histoire	Signification
Drapeau	....	....
Hymne Titre : .... Auteur :	....	....
Devise	....	....
Journée	....	....
Euro	....	....

b. Soulignez dans la colonne « Signification » les valeurs illustrées par les symboles de l'Union européenne.

AUTO-ÉVALUATION

▸ Je sais expliquer le sens des symboles de l'Union européenne.

☐ ☐ ☐

Brevet

SUJET GUIDÉ

Situation pratique L'engagement de l'État et des citoyens : la solidarité sociale

1 Affiche de l'association ATD (Aide à Toute Détresse) Quart Monde (2017)

1 Identifiez l'auteur de l'affiche.

2 Indiquez le contexte de l'affiche.

→ La date de l'affiche et le sens de cette date

3 Expliquez les éléments de l'affiche.

→ La signification des mains : « On ne refuse jamais la main » (Joseph Wrezinski, fondateur d'ATD Quart Monde)

→ La signification du slogan

2 Extraits du préambule de la Constitution de 1946

4 Repérez dans le texte

→ L'acteur du combat mené

→ Les mots, verbes, noms qui illustrent ce combat

11. La nation garantit à tous, notamment à l'enfant, à la mère, et aux vieux travailleurs, la protection de la santé, la sécurité matérielle, le repos et les loisirs. Tout être humain, […] qui se trouve dans l'incapacité de travailler a le droit d'obtenir de la collectivité des moyens convenables d'existence. […]

13. Elle garantit l'égal accès de l'enfant et de l'adulte à l'instruction, à la formation professionnelle et à la culture.

Constitution de la Ve République, 1958.

QUESTIONS

1. Définissez le combat commun évoqué dans ces deux documents.

> **Aide**
> ▶ **Aidez-vous** des encadrés ci-contre : 1, 2 et 4.

....

....

....

2. Identifiez dans les documents les acteurs cités engagés dans ce combat.

> **Aide**
> ▶ **Rappelez-vous** que la Constitution est la loi suprême de la République.
> ▶ **Lisez** les encadrés 1 et 4.
> ▶ **Relisez** la définition de « nation » (p. 30).

....

....

....

....

....

3. Expliquez le combat dans lequel sont engagés ces deux acteurs.

> **Aide**
> ▶ **Utilisez** les informations des encadrés 3 et 4.

....

....

....

....

....

4. Reliez à leur définition chacune des valeurs qui symbolisent ce combat contre la pauvreté.

a. Dignité •	• **1.** Volonté d'un groupe de personnes, d'un État, de porter assistance pour plus d'égalité
b. Égalité •	• **2.** Respect que mérite toute personne
c. Fraternité •	• **3.** Mêmes droits pour tous
d. Solidarité •	• **4.** Lien affectif d'une personne pour une autre, dans le souci de l'aider

5. Votre collège participe à la Journée mondiale du refus de la misère. Dans un court article que vous mettrez en ligne sur le site internet du collège, vous **expliquez** pourquoi la solidarité est nécessaire pour vivre ensemble.

> **Aide**
> ▶ **Regardez** de nouveau la vidéo du chapitre 1 (doc 3 p. 8) et utilisez les informations pour répondre à la question.

....

....

....

....

....

....

....

....

Repères 10

Les principes de la République française

COMPÉTENCE
Domaine 3 : je sais définir les grands principes de la Constitution de la Vᵉ République.

1 La Constitution de la Vᵉ République (extraits)

*La Constitution de la Vᵉ **République** se compose de la Constitution de 1958, de la Déclaration des droits de l'Homme et du citoyen de 1789, du Préambule de la Constitution de 1946, de la Charte de l'environnement de 2004.*

a. La Constitution (1958)

Art. 1ᵉʳ. La France est une République indivisible, laïque, démocratique et sociale. Elle assure l'égalité devant la loi de tous les citoyens sans distinction d'origine, de race ou de religion. Elle respecte toutes les croyances. […]

Art. 2. La langue de la République est le français. […] La devise de la République est « Liberté, Égalité, Fraternité ». […]

Art. 3. La souveraineté nationale appartient au peuple qui l'exerce par ses représentants et par la voie du référendum. […]

b. La Déclaration des droits de l'Homme et du citoyen (1789)

Art. 1ᵉʳ. Les hommes naissent et demeurent libres et égaux en droits. […]

Art. 10. Nul ne doit être inquiété pour ses opinions, même religieuses, pourvu que leur manifestation ne trouble pas l'ordre public établi par la loi.

Art. 11. La libre communication des pensées et des opinions est un des droits les plus précieux de l'Homme : tout citoyen peut donc parler, écrire, imprimer librement, sauf à répondre de l'abus de cette liberté dans les cas déterminés par la loi.

c. Le Préambule de la Constitution (1946)

6. Tout homme peut défendre ses droits et ses intérêts par l'action syndicale […].

7. Le droit de grève s'exerce dans le cadre des lois qui le réglementent.

11. [La nation] garantit à tous […] la protection de la santé, la sécurité matérielle, le repos et les loisirs. […]

13. La nation garantit l'égal accès de l'enfant et de l'adulte à l'instruction […].

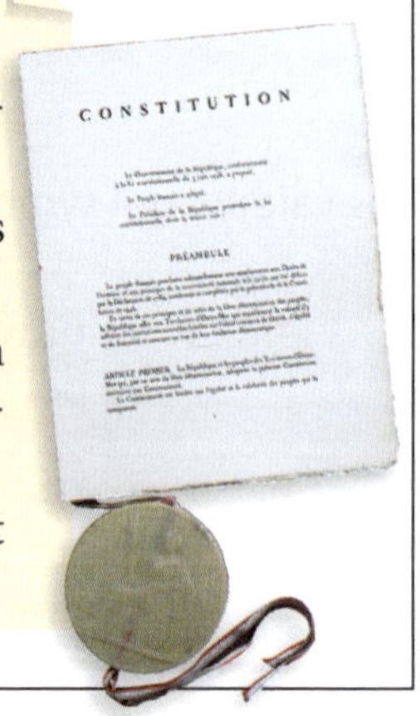

Vocabulaire

Démocratie
Régime politique dans lequel le peuple exerce le pouvoir. Les opinions peuvent s'y exprimer librement et les gouvernants sont désignés par le peuple lors d'élections libres.

République
Du latin *res publica*, « chose publique ». Régime politique dans lequel la souveraineté appartient au peuple, par opposition à la monarchie.

2 La souveraineté du peuple, une conquête par étapes

1850 — 1900 — 1950 — 2000

1848

Droit de vote pour les hommes

1944

Droit de vote pour les femmes

1974

Droit de vote à 18 ans

1992

Droit de vote des citoyens européens pour les élections municipales et européennes

QUESTIONS

1. Doc 1. Soulignez, dans les extraits de la Constitution de la Ve République, les mots et groupes de mots qui **définissent** les principes de la République française.

2. Doc 2. Expliquez comment a évolué le droit de vote en France depuis le XIXe siècle.

....

....

....

....

3. Doc 1 et 2. À l'aide des informations des documents 1 et 2, **associez** chaque image ci-dessous à l'un des principes qui qualifient la République française : *indivisible – laïque – démocratique – sociale*

- **Citez** pour chacun d'eux le ou les articles de la Constitution qui lui correspondent.

La Ve République

- Principe : ....
- Article(s) : ....

• • LA RÉPUBLIQUE EST LAÏQUE • •

3 | La laïcité garantit **la liberté de conscience** à tous. **Chacun est libre de croire ou de ne pas croire.** Elle permet la libre expression de ses convictions, dans le respect de celles d'autrui et dans les limites de l'ordre public.

4 | La laïcité permet l'exercice de la citoyenneté, en conciliant **la liberté de chacun** avec **l'égalité et la fraternité de tous** dans le souci de l'intérêt général.

5 | La République assure dans les établissements scolaires le respect de chacun de ces principes.

CHARTE DE LA LAÏCITÉ À L'ÉCOLE

La Nation confie à l'École la mission de faire partager aux élèves les valeurs de la République.

Charte de la laïcité, 2013.

- Principe : ....
- Article(s) : ....

Hôpital européen Georges Pompidou, Paris.

- Principe : ....
- Article(s) : ....

Bureau de vote à Paris, le 23 avril 2017.

- Principe : ....
- Article(s) : ....

La loi.

AUTO-ÉVALUATION

J'ai compris que la Ve République est une démocratie.

☐ ☐ ☐

Agir 11

Défendre la République française

COMPÉTENCE
Domaine 3 : je comprends le sens de l'engagement individuel et collectif.

CONSIGNE

➜ Depuis la Révolution française, cinq républiques se sont succédé, avec, pour toutes, la volonté de construire une société de plus en plus démocratique. Prenez connaissance des documents et répondez aux questions afin de comprendre pourquoi les citoyens poursuivent ce combat.

1 22 septembre 1792 : naissance de la Ire République

Estampe, musée Carnavalet (Paris), 1792.

2 La marche républicaine du 11 janvier 2015 (Paris)

3,7 millions de personnes ont participé à la marche républicaine contre le terrorisme, à la suite des attentats de janvier 2015 contre l'hebdomadaire *Charlie Hebdo*, un magasin Hyper Cacher et des policiers.

3 Se sentir républicain

Pour chacun des éléments suivants, diriez-vous qu'ils correspondent à votre sentiment d'appartenir à la nation française ? En %

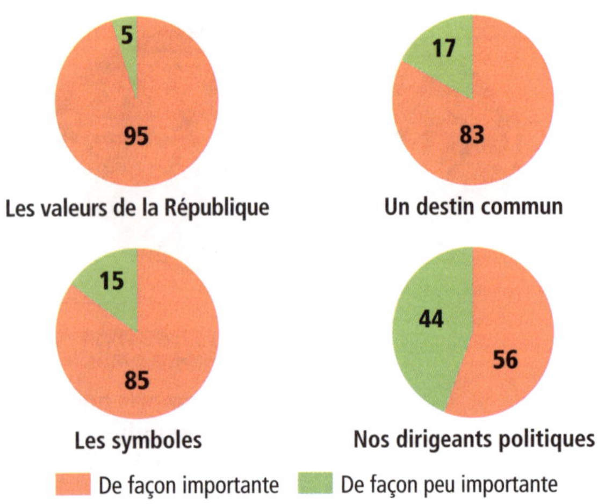

D'après un sondage Ipsos réalisé pour Synopia auprès d'un échantillon de 1 000 personnes, représentatif de la population française âgée de 18 ans et plus, 1er-3 mars 2017.

4 La République est toujours à construire

La culture républicaine plonge ses racines dans la Révolution dont la Charte fondamentale a été la Déclaration des droits de l'Homme et du citoyen. Instauré en 1792, restauré en 1848, le régime républicain est devenu définitivement le régime politique des Français depuis 1870. […] Selon notre Constitution, « la France est une République indivisible, laïque, démocratique et sociale ». […]

Sa devise, qui date de 1848 : Liberté, Égalité, Fraternité, résume ses principes, dont la réalisation ne peut être que le fruit d'un effort toujours renouvelé. La République en effet n'est pas un héritage, mais une dynamique, visant à abattre ou limiter les entraves aux libertés, à l'égalité devant la loi et à la solidarité des citoyens les uns envers les autres. Elle est l'idéal d'une société d'hommes libres, épris de justice et de paix, que chacun est tenu de servir par l'esprit civique.

Michel Winock, « République », *Guide républicain*, 2004.

QUESTIONS

1. Doc 1, 2 et 4. Identifiez les principes et valeurs qui font de la République française une démocratie.

2. Doc 2 et 3. Montrez l'attachement des Français à la République.

3. Doc 1, 2 et 4. Expliquez que la République est le résultat d'un combat.

Coup de pouce

- **Soulignez** dans le doc 4 les mots qui symbolisent le combat des citoyens pour la République.

CE QUE J'AI APPRIS

4. J'**explique** ce que signifie « être républicain ».

JE M'ENGAGE

5. La République française est le résultat d'un combat permanent pour plus de démocratie. Je **cite** des propositions pour faire progresser la République de demain.

AUTO-ÉVALUATION

▶ **J'ai pris conscience que la République française est une démocratie.**

☐ ☐ ☐

Agir 12 Entre l'opinion publique et les médias, quelles relations ?

COMPÉTENCE
Domaine 3 : je réfléchis à la place des médias dans une démocratie.

CONSIGNE

➔ Lors de la Semaine de la presse et des médias, il est demandé à votre classe de caractériser la place de l'**opinion publique** dans les médias. Faites-le en choisissant l'un des journaux reçus au CDI, et analysez-le, ainsi que sa version en ligne, en répondant aux questions.

Vocabulaire

Opinion publique
Représentation collective de la manière de penser d'une société.

Sondage d'opinion
Enquête qui a pour but de connaître la répartition des opinions au sein d'une population, sur une question donnée, à un moment donné.

1 Un sondage d'opinion sur l'utilisation des médias

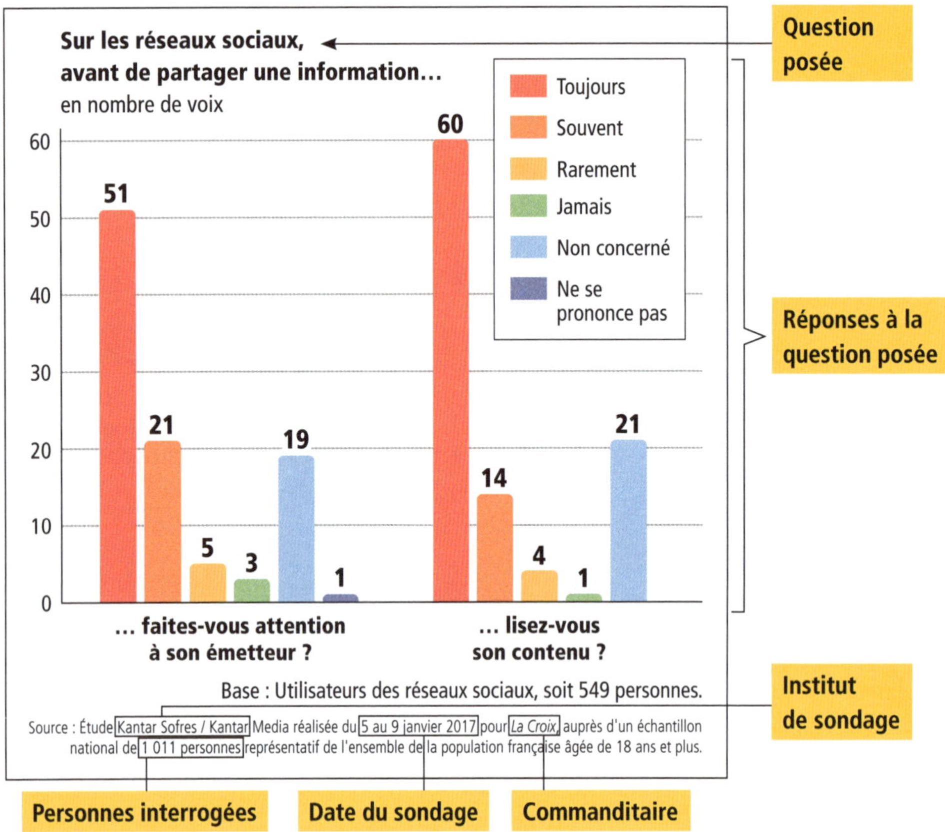

MÉTHODE

Lire un sondage d'opinion

1. **Relevez** qui a été interrogé pour prouver que ce document correspond bien à un sondage d'opinion.
2. **Datez** ce sondage et **indiquez** de quelle manière il a été effectué.
3. **Identifiez** le commanditaire du sondage et **expliquez** quelles informations il voulait communiquer à son sujet.
4. **Analysez** la question posée : est-elle ouverte ou fermée, neutre ou orientée ?

QUESTIONS

➔ **En vous aidant des exemples (doc 1 et 2) et de la méthode, répondez aux questions suivantes sur le journal que vous avez choisi d'analyser.**

1. **Présentez** le média que vous avez choisi.

....

....

....

....

....

....

2. **Choisissez** un article dans lequel les opinions s'expriment. **Expliquez** s'il s'agit d'un débat.

....

....

....

....

....

....

....

....

2 L'expression de l'opinion dans un média en ligne

MÉDIAS | La fabrique du Monde | Le Monde

ARTICLE SÉLECTIONNÉ DANS LA MATINALE DU 02/02/2017 > Découvrir l'application

La défiance envers les médias s'accentue

L'enquête annuelle réalisée par l'institut Kantar pour le quotidien « La Croix » relève une dégradation accrue des relations entre le public et les supports d'information.

LE MONDE ECONOMIE | 02.02.2017 à 18h08 • Mis à jour le 03.02.2017 à 12h53 |

Par Alexis Delcambre

Abonnez vous à partir de 1 € | Réagir | Ajouter | Partager | Tweeter

Vos réactions (38) Réagir

Delphine 03/02/2017 - 05h28
Souhaitons que cette étude incite les médias à se remettre en question : moins de formules toutes faites,de recherche de buzz et de clics... Plus de distance et d'analyse et en effet un peu moins d'entre soi-parisianisme-branchouille. Ça fait beaucoup!

Sonia 03/02/2017 - 00h56
La crise de l'information, c'est aussi l'ancien journal "de référence" qui fait une sélection des commentaires de ses abonnés sur son site pour fabriquer l'image de son lectorat "idéal", supprimant certains non en fonction du respect de la charte de publication mais d'un parti pris de plus en plus visible.

www.lemonde.fr, 2 février 2017.

Diffuser l'information

Exprimer une opinion

Pseudonymes des personnes qui s'expriment

Expression d'une opinion

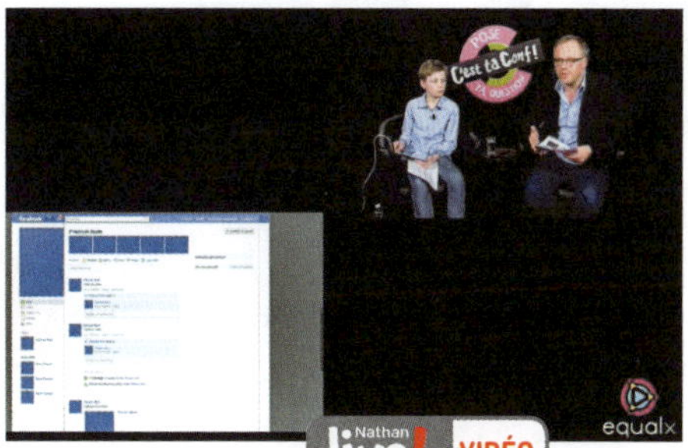

live VIDÉO
La parole de l'expert : s'exprimer sur les réseaux sociaux

MÉTHODE

Analyser un point de vue dans un média

1. **Indiquez** qui sont les personnes qui s'expriment. Leur faites-vous confiance ?
2. **Identifiez** comment chaque personne s'exprime (partage d'information, commentaire personnel…).
3. **Relevez** les arguments de ces personnes et expliquez s'ils permettent ou non le débat.

CE QUE J'AI APPRIS

3. J'**explique** comment l'opinion publique s'exprime et se mobilise dans les médias.

....

....

....

JE M'ENGAGE

4. Je **participe** à l'élaboration du journal de mon collège. J'**explique** comment je vais permettre aux élèves de s'exprimer dans ce journal.

....

....

....

....

AUTO-ÉVALUATION

▶ J'ai compris que, dans une démocratie, les médias doivent être un moyen de débattre pour l'opinion publique.

☐ ☐ ☐

Débattre 13 La liberté de la presse est-elle une réalité dans le monde ?

COMPÉTENCE
Domaine 3 : je sais que la liberté de la presse est une liberté garantie en démocratie, dans le respect de l'intérêt général.

1 Ce que dit la loi en France

Art. 11. La libre communication des pensées et des opinions est un des droits les plus précieux de l'Homme : tout citoyen peut donc parler, écrire, imprimer librement, sauf à répondre de l'abus de cette liberté dans les cas déterminés par la loi.

Déclaration des droits de l'Homme et du citoyen, 1789.

Art. 1. L'imprimerie et la librairie sont libres.

Loi du 29 juillet 1881 sur la liberté de la presse.

Info !

- La **liberté d'expression** est garantie en France, mais la loi punit l'apologie du meurtre, de la haine, de la discrimination ; l'injure et la diffamation ; l'atteinte à la vie privée.

2 Le cas de l'Érythrée

VIDÉO

L'Érythrée est la deuxième prison du monde pour les journalistes, emprisonnés pour certains dans des containers en plein désert.

Vidéogramme issu de la conférence de C. Deloire (secrétaire général de Reporters sans frontières), mars 2017.

Le savez-vous ?

- **39 journalistes** ont été **assassinés en 2017**, au motif que leurs enquêtes dérangeaient les intérêts d'autorités politiques, économiques ou de groupes mafieux.

3 La liberté de la presse : état des lieux en 2017

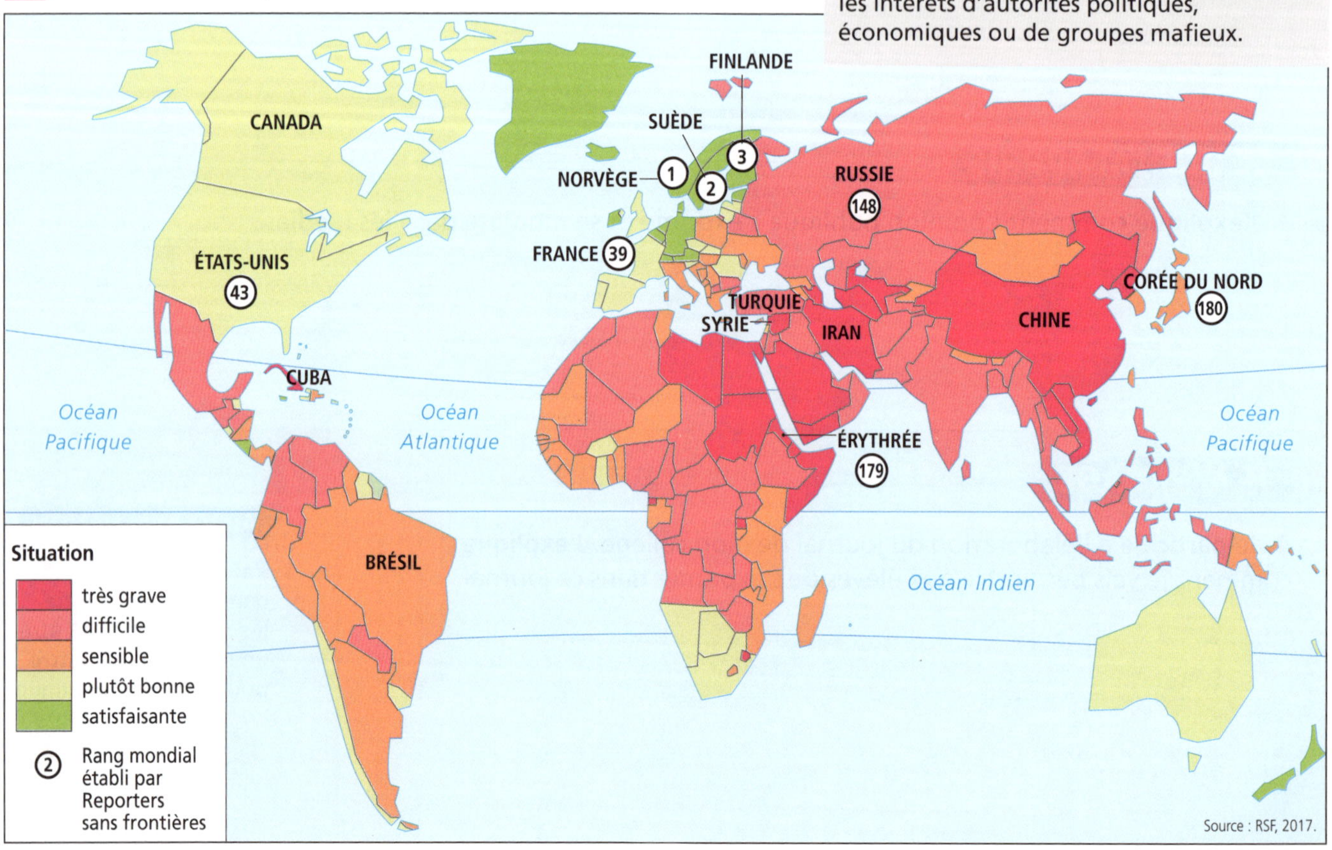

Étape 1 J'analyse le thème du débat

1. Doc 1 à 3. Montrez le lien entre chaque document et le thème du débat.

....

....

....

Étape 2 Je participe au débat en classe

2. La liberté de la presse est-elle une réalité dans le monde ?

a. Avant le débat : en prenant appui sur les documents et sur ce que je sais déjà, je note mes arguments.

b. Pendant le débat : je note les arguments des autres élèves.

c. Après le débat : j'entoure dans le tableau les arguments avec lesquels je suis d'accord.

	La liberté de la presse est une réalité	La liberté de la presse n'est pas une réalité
Mes arguments		
Les arguments des autres élèves		

Étape 3 Je m'engage en exprimant mon point de vue

3. À la suite du débat, j'**exprime** de manière responsable mon point de vue sur la réalité de la liberté de la presse, en France et dans le monde. Ai-je changé d'avis après le débat ? Pourquoi ?

....

....

....

....

....

....

....

AUTO-ÉVALUATION

▸ J'ai compris que les limites à la liberté de la presse ne doivent pas porter atteinte à la démocratie.

☐ ☐ ☐

Je retiens

Les principes de la démocratie

A La République française, une démocratie

• Les Français ont choisi la **démocratie** comme mode de gouvernement. Ils détiennent la **souveraineté nationale**. La démocratie, c'est aussi le **respect des libertés fondamentales** : liberté d'expression, droits politiques, droits sociaux... Ces principes sont garantis par la **Constitution de la Ve République**, et défendus par les citoyens, au nom des **valeurs** de liberté, d'égalité, et de fraternité. → voir p. 38-39, 42-43.

• L'objectif de la démocratie est l'**intérêt commun**. Ainsi la **République** est **indivisible**, car la loi est la même pour tous. Elle est **laïque**, au nom de la liberté de conscience et du libre exercice des cultes. Elle est **démocratique** par le suffrage universel. Elle est **sociale** car l'école est gratuite et obligatoire, et toute la population a accès aux soins. → voir p. 36-37.

B La République française, une démocratie d'opinion

• Les **médias** sont des moyens d'expression et de communication essentiels au fonctionnement de la démocratie. La liberté et le **pluralisme des médias** sont garantis par la loi de 1881. Ainsi les citoyens peuvent forger leur opinion et débattre. Mais l'**information doit être exacte**, et les journalistes doivent vérifier leurs sources, respecter les personnes, ne pas être soumis à des pressions politiques ou financières. → voir p. 40-43 .

• Les **sondages** permettent de **mesurer** l'**opinion publique** dans les domaines de la vie politique, économique, sociale. Mais ils sont à prendre avec précaution car leurs résultats ne sont valables qu'au moment de leur réalisation. → voir p. 40.

Les mots importants

Médias
Ensemble des moyens de communication.

Opinion publique
Représentation collective de la manière de penser d'une société.

Pluralisme des médias
Existence de médias d'opinions variées.

République
Du latin *res publica*, « chose publique ». Régime politique dans lequel la souveraineté appartient au peuple, par opposition à la monarchie.

Souveraineté nationale
Le pouvoir politique appartient à la nation, c'est-à-dire à l'ensemble des citoyens.

Les Valeurs de la République

▶ Démocratie

La démocratie est un régime politique dans lequel la **souveraineté appartient au peuple**. C'est le « gouvernement du peuple, par le peuple, pour le peuple », selon l'article 2 de la Constitution de la Ve République (1958).
La démocratie, c'est renoncer à utiliser la force pour défendre ses idées dans la société, et débattre dans le respect des idées des autres.

▶ Liberté

Après 1789, les **libertés fondamentales** sont reconnues à tous les êtres humains. Des limites leur sont apportées pour permettre à chacun de les exercer, dans le respect de celles des autres.

Je révise chez moi

→ *Je vérifie que je connais l'essentiel du chapitre.*

Je sais définir et utiliser dans une phrase :
- ✓ démocratie
- ✓ souveraineté nationale
- ✓ liberté d'expression

Je sais expliquer
- ✓ quelques droits et libertés garantis par la Constitution de la Ve République
- ✓ le but et les limites d'un sondage
- ✓ la démocratie d'opinion

Je m'engage et j'argumente :
- ✓ Pourquoi faut-il défendre la République ?
- ✓ Les sondages permettent-ils de s'informer ?
- ✓ Pourquoi agir pour la liberté de la presse ?

→ *Je teste mes connaissances avec des quiz interactifs.* Nathan live! QUIZ INTERACTIFS

Apprendre avec une carte à bulles

La carte à bulles est une manière de regrouper des idées autour d'un thème central et de lister les mots clés du cours.
C'est une bonne préparation à la réalisation de schémas ou de cartes mentales.

Comment réaliser une carte à bulles ?

1 Lisez plusieurs fois votre cours et identifiez les mots clés.

2 Réalisez votre carte à bulles en noir et blanc ou en couleurs.

3 Vous pouvez créer votre carte à bulles sur internet.

→ Essayez par exemple le site bubbl.us, puis lancez-vous !

Un exemple : carte à bulles pour le premier paragraphe du « je retiens » p. 44.

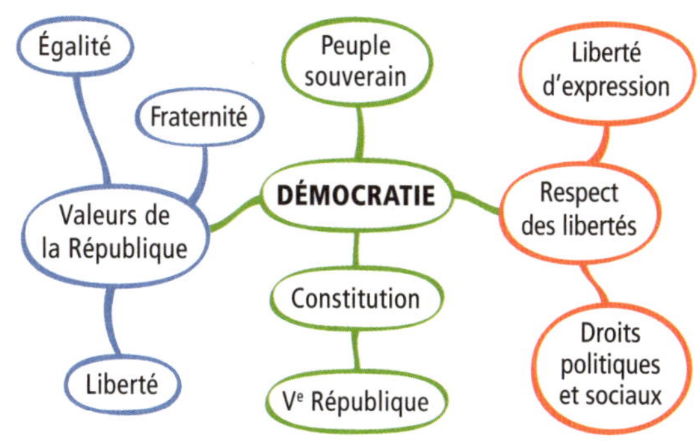

À vous de jouer !

- Complétez la carte à bulles du deuxième paragraphe du « je retiens » p. 44.

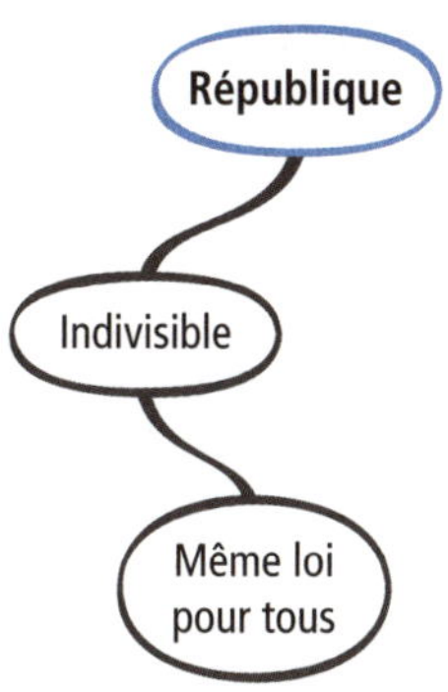

- Réalisez une carte à bulles sur la partie B du « je retiens » p. 44.

EXERCICES

J'applique ce que j'ai appris

EXO 1 Je comprends la place des sondages dans la démocratie

1 Sondage pour le second tour de l'élection présidentielle (2017)

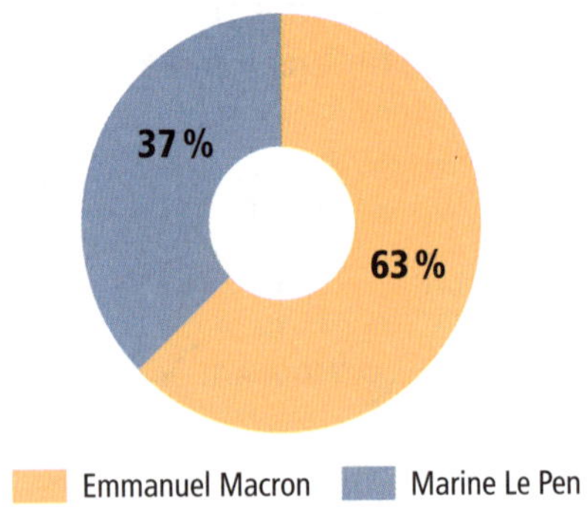

Sondage réalisé le 5 mai 2017 par Ipsos-Stéria pour le journal *Le Monde*, auprès de 8 200 personnes inscrites sur les listes électorales, constituant un échantillon national représentatif de la population française âgée de 18 ans et plus.
La marge d'erreur est de plus ou moins 1 point.

2 Les résultats de l'élection présidentielle (2017)

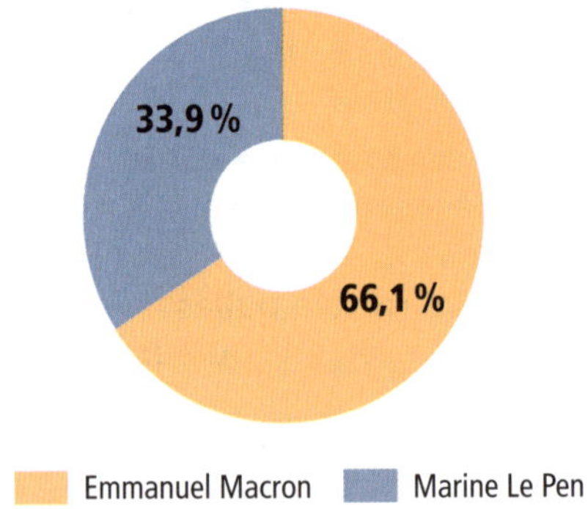

Source : ministère de l'Intérieur, mai 2017.

3 Des débats autour des sondages

« On mesure les intentions de vote à un instant t. Dans un environnement politique instable comme le nôtre, il serait présomptueux de dire : on avait vu juste », explique Jérôme Fourquet de l'Ifop[1].

Yves-Marie Cann, qui dirige les études politiques d'Elabe[1], estime quant à lui que « les sondages permettent, au fil d'une campagne, de rendre compte de dynamiques ».

Alain Garrigou, professeur de sciences politiques à l'université Paris-Ouest, va plus loin en estimant que « les sondages faussent le jeu politique ». Les sondages transformeraient le sens de l'élection en faisant de l'électeur un « stratège ». Avec le vote utile, celui-ci ne voterait plus par conviction, mais davantage pour que tel candidat ne soit pas élu.

Le Figaro, 15 avril 2017.

1. Instituts de sondage.

a. Doc 1 et 2. Comparez le dernier sondage pour le second tour de l'élection présidentielle de 2017 et les résultats de l'élection.

b. Doc 3. Citez un aspect positif et un aspect négatif des sondages.

c. Doc 1 à 3. Exercez votre jugement critique : les sondages sont-ils utiles pour la démocratie ?

AUTO-ÉVALUATION

▶ J'ai pris conscience de la place des sondages d'opinion dans la démocratie.

Je m'entraîne

EXO

2 Je situe et je classe les démocraties dans le monde (2017)

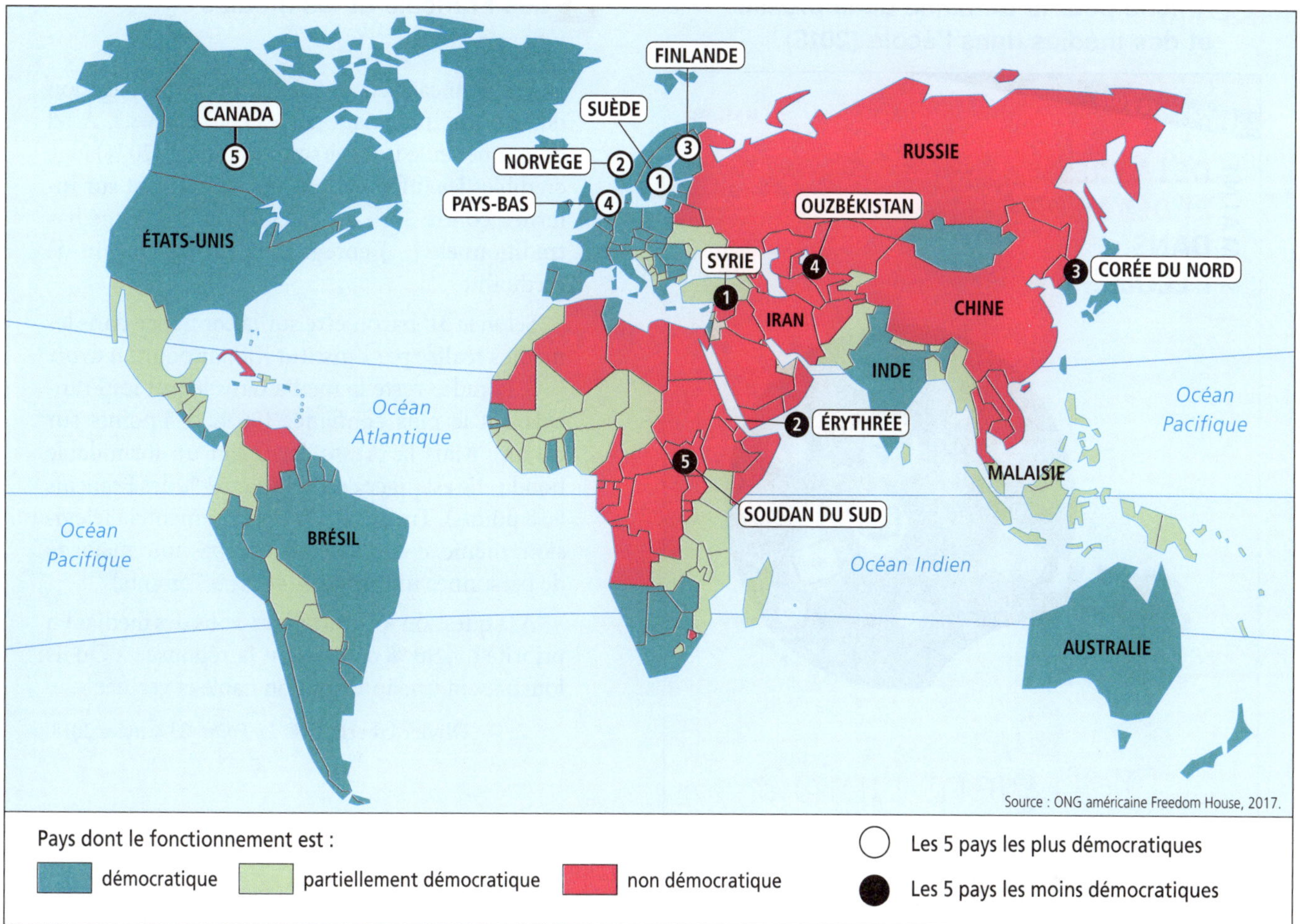

Pour réaliser cette carte, l'ONG américaine Freedom House a pris en compte les droits politiques, les libertés civiles, le pluralisme politique, le fonctionnement du gouvernement, les libertés d'expression et de culte, le droit d'association, l'indépendance de la justice.

a. Localisez par continents les pays qui sont démocratiques et ceux qui ne le sont pas.

....

....

b. Exprimez-vous : selon vous, que signifient ces termes de la légende de la carte : « pays partiellement démocratiques » et « pays non démocratiques » ?

....

....

....

c. Expliquez pourquoi la démocratie doit être défendue.

....

....

....

AUTO-ÉVALUATION

▶ **J'ai compris que la démocratie est un régime politique à défendre.**

☐ ☐ ☐

Brevet SUJET GUIDÉ

Situation pratique Un principe de la démocratie, la liberté d'expression et d'information

1 Affiche pour la Semaine de la presse et des médias dans l'école (2018)

2 Les Français et les médias

Les Français en ont assez de la propagation des fausses informations, les « *fake news* ». À tel point que seule une personne sur cinq (20 %) juge crédibles les informations qui se trouvent sur internet, contre 39 % en 2005. Du coup, les médias traditionnels [...] enregistrent un fort regain de crédibilité.

Selon le 31e baromètre sur la confiance dans les médias réalisé par l'institut Kantar pour *La Croix* [...], la radio reste le média dans lequel les Français ont le plus confiance (56 %, + 4 points sur un an). Mais la presse écrite fait un formidable bond : elle est jugée crédible par 52 % des Français (+ 8 points). Troisième de ce classement, la télévision, même si elle ne convainc pas une majorité de personnes interrogées (48 %, + 7 points).

À la question « Qu'attendez-vous des médias en priorité ? », 90 % choisissent la réponse : « Qu'ils fournissent une information fiable et vérifiée ».

Olivier Ubertalli, © *Le Point*, 23 janvier 2018.

QUESTIONS

1. Nommez les médias évoqués dans les deux documents.

....

....

Aide
▶ **Relisez** la définition de « médias » p. 44.

2. À l'aide des informations des documents et de vos connaissances, **citez** les mots qui illustrent la liberté d'expression et d'information.

....

....

....

....

....

....

....

....

Aide
▶ **Indiquez** comment s'expriment ces médias pour informer.

3. Dans une démocratie, le pluralisme des médias est associé à la « diversité des médias ».
Soulignez les propositions qui définissent cette expression :

a. ensemble des réseaux sociaux

b. multiplication des médias

c. existence de médias d'opinions diverses

d. droit de diffuser de fausses informations

e. médias traditionnels et médias numériques

4. À l'aide des documents, **expliquez** les choix des Français pour s'informer.

....

....

....

....

....

....

....

....

....

Aide

- **Relevez** le thème de la Semaine de la presse et des médias 2018 (doc 1).
- **Exploitez** les constats du baromètre de l'institut Kantar (doc 2).

5. Lors de la Semaine de la presse et des médias dans votre collège, vous participez à un débat dont le thème est « Consulter les médias, pourquoi est-ce un droit et un devoir pour le citoyen ? ».
Exprimez votre point de vue en quelques phrases.

....

....

....

....

....

....

....

....

....

....

....

....

....

....

....

MÉTHODE

Que signifie « Exprimer son point de vue » ?

- **Faire connaître** son avis personnel.
- **Justifier** son avis par des exemples qui l'illustrent.
- **Défendre** son avis de manière réfléchie.

Repères 14

Les institutions de la Ve République

COMPÉTENCE
Domaine 3 : je reconnais les caractéristiques d'un État démocratique.

1 Des institutions définies par la Constitution de 1958

PRÉSIDENT de la RÉPUBLIQUE

→ Chef de l'État

Palais de l'Élysée

nomme 3 membres pour 9 ans

....

GOUVERNEMENT

Le Premier ministre et les ministres

→ **Détermine et conduit la politique de la nation**

Hôtel Matignon

CONSEIL CONSTITUTIONNEL

Peuvent y siéger les anciens Présidents de la République

→ ....
....

→ **Contrôle le bon déroulement des élections**

....

soumet des projets de loi

nomme 6 membres pour 9 ans

....

PARLEMENT

→ ....
et évalue les politiques publiques

ASSEMBLÉE NATIONALE
577 députés élus

Palais-Bourbon

SÉNAT
348 sénateurs élus

Palais du Luxembourg

.... *pour 5 ans*

peut décider d'un référendum

.... *pour 5 ans*

élisent pour 6 ans

Députés, conseillers régionaux, départementaux et municipaux

élisent

Environ 46 millions d'..

Pouvoir exécutif — Pouvoir législatif

2 Ce que dit la loi

Art. 3. La souveraineté nationale appartient au peuple […].

Sont électeurs, dans les conditions déterminées par la loi, tous les nationaux français majeurs des deux sexes, jouissant de leurs droits civils et politiques.

Art. 6. Le Président de la République est élu pour cinq ans au suffrage universel direct.

Art. 8. Le Président de la République nomme le Premier ministre. […] Sur la proposition du Premier ministre, il nomme les autres membres du gouvernement […].

Art. 12. Le Président de la République peut, après consultation du Premier ministre et des présidents des assemblées, prononcer la dissolution de l'Assemblée nationale.

Art. 24. Le Parlement vote la loi. Il contrôle l'action du gouvernement.

Art. 61. Les lois […], avant leur promulgation […], peuvent être déférées au Conseil constitutionnel qui se prononce sur leur conformité à la Constitution.

Constitution de la Ve République, 1958.

Le savez-vous ?

- Les **institutions** de la Ve République sont définies par la **Constitution du 4 octobre 1958**, loi suprême de la République, qui garantit la démocratie.
- Depuis 1958, la Constitution a été modifiée 24 fois.

Vocabulaire

Pouvoir exécutif
Pouvoir de faire exécuter les lois sur l'ensemble du territoire. Il appartient au Président de la République et au gouvernement, dirigé par le Premier ministre.

Pouvoir législatif
Pouvoir de faire la loi. Il appartient au Parlement (Assemblée nationale et Sénat).

Référendum
Voir p. 58.

QUESTIONS

1. Doc 1. Indiquez le nom des personnes qui occupent les fonctions suivantes aujourd'hui :

- Président de la République : ……………………
- Premier ministre : ……………………
- le député de votre circonscription : ……………………
- un sénateur de votre département : ……………………

2. Doc 1 et 2. Complétez le schéma à l'aide des informations relevées dans les articles de la Constitution de la Ve République.

Coup de pouce
- **Utilisez** les verbes et mots clés des articles de la Constitution.

3. Doc 1 et 2. Décrivez comment est exercé le pouvoir législatif.

……………………

4. Citez l'institution dont vous entendez le plus parler dans les médias.

……………………

5. Doc 1 et 2. À partir des informations des documents, **montrez** que la France est une démocratie.

……………………

AUTO-ÉVALUATION

J'ai compris le fonctionnement des institutions de la Ve République.

☐ ☐ ☐

L'adoption d'une loi dans la République française

COMPÉTENCE
Domaine 3 : j'identifie les grandes étapes du parcours d'une loi dans une démocratie.

CONSIGNE

➔ Le 27 janvier 2017 a été votée la loi « Égalité et citoyenneté ». Elle crée la réserve civique dans laquelle toute personne peut s'engager pour promouvoir dans la société les valeurs de la République. Lisez les documents et répondez aux questions afin de démontrer que cette loi a été votée de manière démocratique.

1 La réserve citoyenne de l'Éducation nationale

La **réserve citoyenne** de l'Éducation nationale, créée en 2015, a été intégrée dans la réserve civique en 2017. Campagne du ministère de l'Éducation nationale, 2015.

2 Le parcours de la loi « Égalité et citoyenneté »

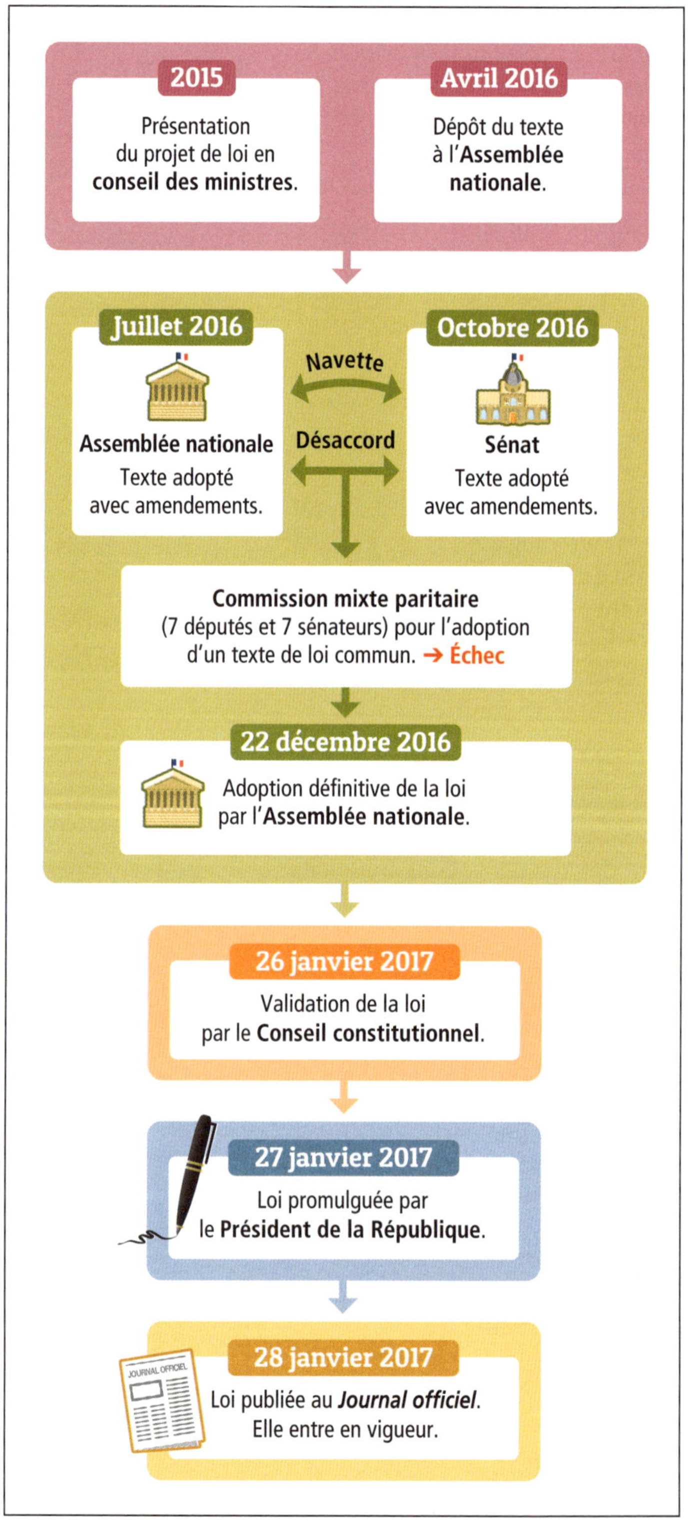

3 La loi « Égalité et citoyenneté » débattue à l'Assemblée nationale

Débat au sujet de l'amendement n° 833, modifiant l'article 3 qui ouvre la réserve civique aux seules personnes majeures.

Madame Valérie Corre, *députée et rapporteure*[1]. Il s'agit, comme nous en étions convenus lors du débat en commission, d'ouvrir la réserve civique aux mineurs de plus de 16 ans […].

Monsieur Régis Juanico, *député.* […]. Un certain nombre de dispositifs citoyens sont déjà ouverts aux jeunes de 16 ans. Il est donc tout à fait logique, à condition qu'ils aient reçu l'accord préalable écrit de leurs représentants légaux, que la réserve civique leur soit également ouverte.

Monsieur Patrick Kanner, *ministre.* Le gouvernement est favorable à l'adoption de l'amendement présenté par Valérie Corre […].

L'amendement n° 833 est adopté.

www.assemblee-nationale.fr.
Extrait de la deuxième séance, 27 juin 2016.

1. Député ou sénateur, désigné au sein d'une commission, pour présenter les observations et les amendements (modification d'un texte de loi) de cette commission pendant la séance.

QUESTIONS

1. Doc 1. À l'oral, **expliquez** de quelle manière la réserve civique, créée par la loi « Égalité et citoyenneté », concerne l'Éducation nationale.

2. Doc 2 et 3. En vous appuyant sur l'exemple de la loi « Égalité et citoyenneté », **racontez** comment est votée une loi en France.

Coup de pouce

- Vous pouvez regarder cette vidéo sur la réserve citoyenne :

Nathan live! VIDÉO

MÉTHODE

- **Racontez** comment **toutes les lois** sont votées, et non comment la loi « Égalité et citoyenneté » a été votée.
- **Décrivez** chronologiquement les **étapes** de l'élaboration de la loi.
- **Identifiez** chaque **acteur** et son **rôle**.

3. Doc 2 et 3. À partir des informations des documents, **justifiez** cette affirmation : « Le Parlement est un lieu de débat ».

CE QUE J'AI APPRIS

4. Je **rédige** quelques phrases qui montrent que le vote d'une loi en France est conforme aux principes de la démocratie.

AUTO-ÉVALUATION

▶ **J'ai compris comment est adoptée une loi dans la République française.**

☐ ☐ ☐

JE M'ENGAGE

5. J'**explique** à l'oral pourquoi il faut respecter les lois.

Agir 16 En France, des élections démocratiques

COMPÉTENCE
Domaine 3 : je prépare mon engagement en tant que citoyen.

CONSIGNE

→ Chaque année au collège, vous élisez des délégués. En France, les citoyens sont régulièrement appelés à voter aux élections politiques. Comparez ces élections à l'aide des documents pour démontrer leur caractère démocratique.

1 Ce que dit la loi

Art. 3. La **souveraineté nationale** appartient au peuple qui l'exerce par ses représentants et par la voie du référendum. […]

Le suffrage […] est toujours universel, égal et secret.

Sont électeurs, dans les conditions déterminées par la loi, tous les nationaux français majeurs des deux sexes, jouissant de leurs droits civils et politiques.

Art. 4. Les partis et groupements politiques concourent à l'expression du suffrage. Ils se forment et exercent leur activité librement. Ils doivent respecter les principes de la souveraineté nationale et de la démocratie. […]

La loi garantit les expressions pluralistes[1] des opinions […].

Constitution de la Ve République, 1958.

1. Diversité des opinions.

2 Pourquoi voter ?

Affiche du ministère de l'Intérieur, 2017.

3 Voter

Bureau de vote à Carhaix-Plouguer (Finistère), 11 juin 2017.

4 Des élections pluralistes

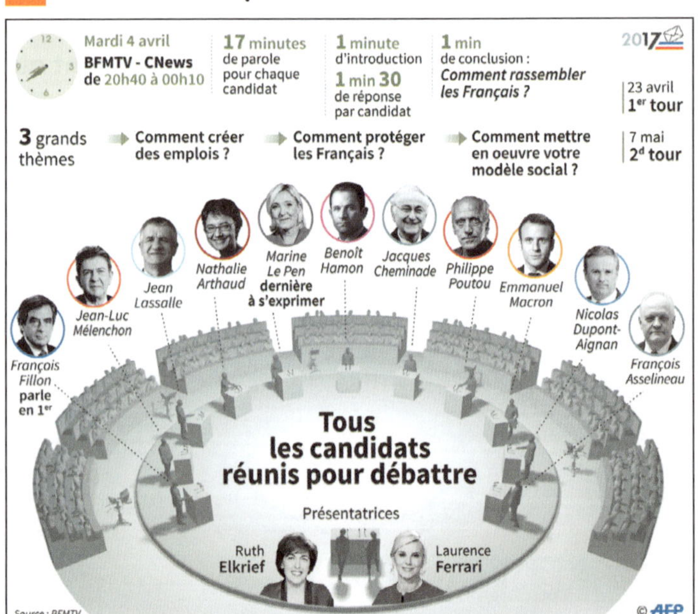

Infographie réalisée pour un débat avant le premier tour de l'élection présidentielle, avril 2017.

QUESTIONS

1. Doc 1 et 2. Identifiez qui a le droit de voter en France.

....

....

....

Vocabulaire

Souveraineté nationale
Le pouvoir politique appartient à la nation, c'est-à-dire à l'ensemble des citoyens.

2. Doc 1 et 4. À partir de l'article 4 de la Constitution, **expliquez** pourquoi il y a plusieurs candidats aux élections en France.

....

....

....

....

3. Doc 3. Nommez les différentes étapes du vote et **montrez** qu'elles garantissent la liberté et l'égalité des citoyens.

....

....

....

....

....

....

CE QUE J'AI APPRIS

4. Je **cite** les mots clés qui montrent qu'en France, les élections sont démocratiques.
Je les **classe** selon qu'ils illustrent :

- la souveraineté nationale : ....
- le vote : ....
- les élections : ....

JE M'ENGAGE

5. J'**explique** que lorsque je participe à l'élection des délégués, je participe à une élection démocratique. Je **nomme** les valeurs de la République qui illustrent ces élections.

....

....

....

....

....

AUTO-ÉVALUATION

J'ai compris pourquoi les élections en France sont démocratiques.

☐ ☐ ☐

Débattre 17 En France, faut-il rendre le vote obligatoire ?

COMPÉTENCE
Domaine 3 : je suis responsable de mes actes dans la vie démocratique.

1 L'abstention à quelques élections

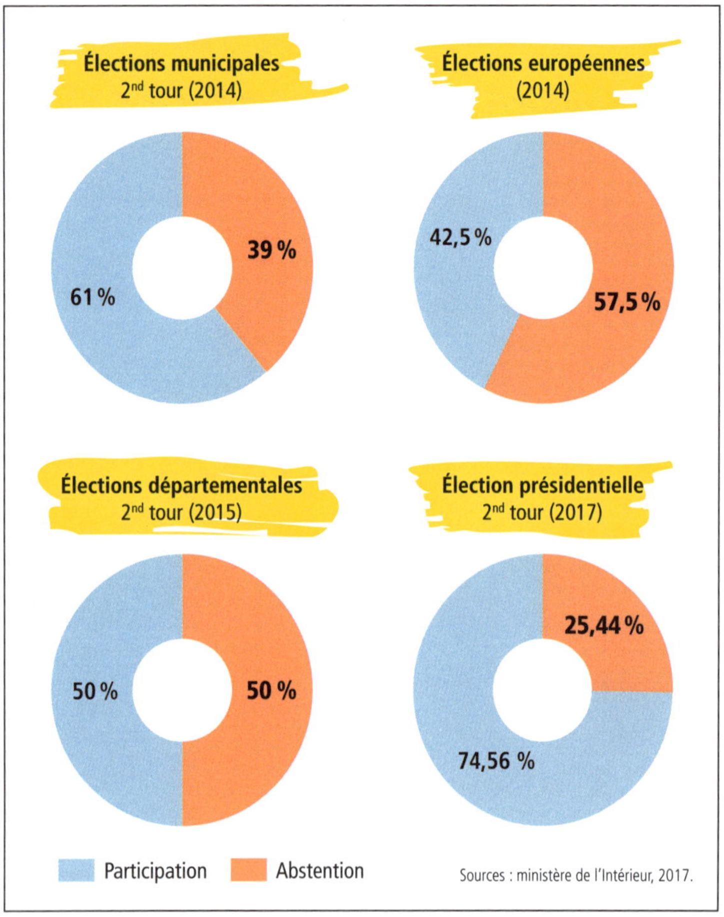

2 La lutte contre l'abstention

Affiche pour les élections législatives, 2017.

Info !

- **10 %** des électeurs ne votent jamais, principalement les chômeurs et salariés précaires, les habitants des zones urbaines sensibles, les femmes élevant seules leurs enfants.

Source : Assemblée nationale, « Refaire la démocratie », rapport n° 3100, 2015.

3 Le vote obligatoire dans quelques démocraties

Pays	Taux de participation	Sanction en cas d'abstention pour la première fois
Belgique	90 %	• Amende de 30 à 60 euros (non appliquée depuis 2003).
Brésil	80 %	• Amende de 1 euro. • Impossibilité d'avoir un passeport ou d'être fonctionnaire si on ne vote pas.
Grèce	65 %	• Pas d'amende, mais traitement ralenti des démarches auprès de l'administration.
Australie	90 %	• Amende jusqu'à 71 euros.
Suisse	80 %	• Amende de 13 euros.

4 Le droit de vote, un droit spécial ?

Voter, ce n'est pas précisément un des droits de l'Homme : on vivrait très bien sans voter, si l'on avait la sûreté[1], l'égalité, la liberté.

Quand je vote, je n'exerce pas un droit, je défends tous mes droits. Il ne s'agit donc pas de savoir si mon vote est perdu ou non, mais bien de savoir si le résultat cherché est atteint, c'est-à-dire si les pouvoirs sont contrôlés […].

Alain (philosophe), *Propos, Le citoyen contre les pouvoirs*, 1926.

1. Garantie de ne pas être privé de liberté en dehors des cas prévus par la loi.

Vocabulaire

Abstention
Non-participation des citoyens aux élections et aux référendums, alors qu'ils en ont le droit.

Étape 1 J'analyse le thème du débat

1. Doc 1 à 4. À l'oral, **résumez** en une phrase l'idée générale de chaque document.

2. Doc 1 et 3. **Expliquez** pourquoi il y a un débat sur le fait de rendre le vote obligatoire en France.

....

....

Étape 2 Je participe au débat en classe

3. En France, faut-il rendre le vote obligatoire ?

a. Avant le débat : dans le tableau, en prenant appui sur les documents et sur ce que je sais déjà, je note mes arguments.

b. Pendant le débat : je note les arguments des autres élèves.

c. Après le débat : j'entoure dans le tableau les arguments avec lesquels je suis d'accord.

	Il faut rendre le vote obligatoire	Il ne faut pas que le vote devienne obligatoire
Mes arguments		
Les arguments des autres élèves		

Étape 3 Je m'engage en exprimant mon point de vue

4. À la suite du débat en classe, j'**exprime** de manière responsable mon point de vue sur ce que représente le vote dans une démocratie. Ai-je changé d'avis après le débat ? Pourquoi ?

....

....

....

....

....

....

....

AUTO-ÉVALUATION

▶ **J'ai pris conscience du sens du vote dans une démocratie.**

☐ ☐ ☐

Je retiens

L'exercice de la démocratie en France

A À la tête de l'État, des pouvoirs partagés

- Les **institutions** de la Ve République sont définies par la **Constitution** de 1958, loi suprême de la République. Elle garantit la **démocratie** en organisant le **partage des pouvoirs**.

- Le **pouvoir exécutif** est détenu par le **Président de la République**, et par le **gouvernement**. Le Président, **chef de l'État**, nomme le gouvernement, promulgue les lois, peut dissoudre l'Assemblée nationale. Le **Premier ministre**, issu de la majorité à l'Assemblée nationale, est le **chef du gouvernement**. Il conduit la politique de la nation, a l'initiative des lois et en assure l'exécution.

- Le **pouvoir législatif**, détenu par le **Parlement**, se compose de l'**Assemblée nationale** et du **Sénat**. Les **députés** et les **sénateurs** débattent des lois et les votent après s'être mis d'accord sur un texte commun. Le Parlement contrôle l'action du gouvernement.

B La participation des citoyens

- Dans la République française, la **souveraineté nationale** appartient au **peuple**. Celui-ci délègue son pouvoir à ses **représentants** élus démocratiquement (pluralisme, suffrage universel et secret) tous les cinq ou six ans : à la tête de l'**État** (Président, Parlement), des **collectivités territoriales** (communes, départements, régions), de l'**Union européenne** (Parlement européen). C'est la **démocratie représentative**.

- Les **citoyens** sont consultés pour de nombreuses décisions. Le Président de la République peut leur soumettre un **référendum**. Ils peuvent débattre et donner leur avis sur des projets de la vie locale (aménagements, environnement...). C'est la **démocratie participative**.

Les mots importants

Démocratie participative
Implication des citoyens dans le débat public et dans la prise de décision politique.

Démocratie représentative
Régime politique dans lequel le peuple délègue son pouvoir à des représentants.

Pouvoir exécutif
Pouvoir de faire exécuter les lois sur l'ensemble du territoire.

Pouvoir législatif
Pouvoir de faire la loi.

Référendum
Consultation des citoyens sur un projet de loi. Les citoyens votent en répondant par oui ou par non à la question posée.

Souveraineté nationale
Le pouvoir politique appartient à la nation, c'est-à-dire à l'ensemble des citoyens.

Les Valeurs de la République

Démocratie

La démocratie est un régime politique dans lequel la **souveraineté appartient au peuple**. C'est le « gouvernement du peuple, par le peuple, pour le peuple » selon l'article 2 de la Constitution de la Ve République (1958).

La démocratie, c'est renoncer à utiliser la force pour défendre ses idées dans la société, et débattre dans le respect des idées des autres.

Je révise chez moi

→ *Je vérifie que je connais l'essentiel du chapitre.*

Je sais définir et utiliser dans une phrase :
- le régime politique démocratique
- le partage des pouvoirs
- la Constitution de la Ve République

Je sais expliquer :
- le rôle du Président de la République
- les grandes étapes du parcours d'une loi
- les différentes élections en France

Je m'engage et j'argumente :
- Pourquoi peut-on affirmer que la Ve République est une démocratie ?
- Voter, pourquoi est-ce un droit et un devoir ?
- Le collège est-il un lieu de démocratie ?

→ *Je teste mes connaissances avec des quiz interactifs.* Nathan live! QUIZ INTERACTIFS

Apprendre avec une carte mentale

Une carte mentale est une représentation visuelle et structurée de ce qui a été appris. Cet outil permet de collecter, classer et associer des informations. En créant votre carte mentale, vous comprenez et mémorisez la leçon.

Comment réaliser une carte mentale ?

1 Placez au centre le thème du chapitre.

2 Identifiez les principaux thèmes de la leçon. Pour chaque thème, listez les informations qui leur correspondent.

Exemple :
Constitution de 1958 → garantit la démocratie

3 Complétez votre carte mentale avec les différents thèmes et informations associés.

4 Vous pouvez utiliser des couleurs, des pictogrammes ou des dessins… Choisissez ce qui vous aide le mieux à retenir !

Boîte à idées

Exemples de thèmes

Constitution — Pouvoir législatif — Pouvoir exécutif — Participation des citoyens

Quelques mots clés

Sénat — Peuple

À vous de jouer ! Réalisez votre carte mentale. Pensez à utiliser les mots clés du « je retiens » p. 58.

La démocratie en France

J'applique ce que j'ai appris

EXO 1

J'explique le rôle du Président de la République

● **Choisissez** une citation et **expliquez**-la à l'aide de vos connaissances.

« Le Président, qui, suivant notre Constitution, est l'homme de la nation, mis en place par elle-même pour répondre de son destin. »

Charles de Gaulle, 31 janvier 1964.

« Le Président de la République a beaucoup de pouvoirs, il n'a pas tous les pouvoirs. »

François Mitterrand, 9 décembre 1981.

AUTO-ÉVALUATION

▶ **J'ai compris le rôle du Président de la République.**

EXO 2

Je caractérise une fonction du Conseil constitutionnel

1 L'élection d'une députée annulée

Le Conseil constitutionnel a annulé [...] l'élection en juin de la députée La République en marche (LREM) Isabelle Muller-Quoy au motif que son suppléant n'avait pas le droit de se présenter.

Son suppléant, Michel Alexeef, était président du conseil de prud'hommes de Pontoise jusqu'en janvier 2017. Or le code électoral prévoit que les présidents des conseils de prud'hommes sont inéligibles dans toute circonscription où ils exercent ou ont exercé leurs fonctions depuis moins d'un an à la date du scrutin.

[...] Le gouvernement doit désormais organiser une nouvelle élection dans cette circonscription dans un délai maximal de trois mois.

www.lexpress.fr, 16 novembre 2017.

2 Ce que dit la loi

Art. 59. Le Conseil constitutionnel statue, en cas de contestation, sur la régularité de l'élection des députés et des sénateurs.

Constitution de la Ve République, 1958.

a. Doc 1. Expliquez pourquoi l'élection de cette députée a été annulée par le Conseil constitutionnel.

b. Doc 1 et 2. Montrez que le rôle du Conseil constitutionnel est une garantie pour la démocratie.

AUTO-ÉVALUATION

▶ **J'ai compris le rôle du Conseil constitutionnel lors des élections.**

Je m'entraîne

EXO

3 Je distingue démocratie représentative et démocratie participative

1 Dans la commune de Paris

Affiche de la mairie de Paris, 2016.

2 Le Conseil départemental des jeunes du Nord (CdJ)

Le mandat du conseiller au Conseil départemental des jeunes est de deux ans. À chaque renouvellement, 41 binômes fille-garçon représentent chacun des 41 cantons du département. Après un appel à candidature, une campagne électorale est organisée pour que les candidats (uniquement des élèves de 4e) puissent se présenter aux électeurs (élèves de 4e).

La commission « mobilité » du mandat sortant (2015-2016) a travaillé sur une campagne de sensibilisation au port de la ceinture de sécurité dans les autocars. Les membres du CdJ avaient souhaité travailler, en 2003, sur le recyclage du papier dans les collèges. Aujourd'hui, 240 des 285 collèges publics et privés participent à « Recycler, c'est dans notre nature ».

Site internet du Conseil départemental du Nord, 21 décembre 2016.

a. Doc 1 et 2. Soulignez dans les documents, les personnes qui peuvent agir pour mettre en œuvre des projets d'intérêt collectif.

b. Doc 1 et 2. Indiquez dans ce tableau comment ces personnes peuvent agir pour mettre en œuvre leurs projets.

Dans le cadre de la démocratie représentative	Dans le cadre de la démocratie participative
Doc n° ...	Doc n° ...
....	....
....	....
....	....
....	....
....	....
....	....
....	....
....	....
....	....

c. Doc 1 et 2. Exprimez votre point de vue : la démocratie doit-elle être uniquement représentative, uniquement participative, à la fois représentative et participative ?

....
....
....
....
....
....
....
....
....
....
....
....

AUTO-ÉVALUATION

▶ J'ai compris ce qu'est la démocratie participative.

☐ ☐ ☐

Brevet

SUJET GUIDÉ

Situation pratique Les principes d'un État démocratique

1 Qu'est-ce que la démocratie ?

La démocratie est un régime politique dont le principe est celui du gouvernement du peuple par le peuple et pour le peuple. […] Par peuple, il faut comprendre l'ensemble des personnes ayant le statut de citoyen. On parle alors de démocratie représentative, dans laquelle les citoyens élisent des représentants qui vont exercer le pouvoir en leur nom. En France, nous trouvons des représentants à plusieurs niveaux : local ou national.

Le droit de vote ne suffit pas pour qualifier un régime politique démocratique. D'autres éléments comme l'existence de plusieurs partis politiques, la séparation des pouvoirs, la liberté de la presse… expriment le niveau de démocratie d'un pays.

[…] La démocratie représentative doit être renforcée en permettant l'expression, l'implication, la participation des citoyens dans des espaces de débat public (associations, conseils de quartier…). Il s'agit alors de démocratie participative […].

« Qu'est-ce que la démocratie ? »
D'après la vidéo « Agora, Les piliers de la République », 2016.

1 Les mots de la démocratie

→ Relisez la définition de « démocratie » p. 58.

2 Les représentants élus des citoyens

→ dans les communes, les départements, les régions

→ à la tête de l'État

QUESTIONS

1. Relevez dans le document les principes d'un État démocratique, tel que la France.

....

....

....

....

Aide ▶ **Aidez**-vous de l'encadré 1.

Aide ▶ **Aidez**-vous de l'encadré 2 et du schéma p. 50.

2. Nommez les représentants élus par les citoyens français.

Élus locaux	Élus nationaux
....	....
....	....

3. À la suite d'un débat en classe sur le thème « Comment le citoyen peut-il s'engager pour défendre la démocratie ? », vous **rédigez** quelques phrases qui expriment votre point de vue.

....

....

....

....

....

SUJET BLANC

Situation pratique La démocratie représentative en France

QUESTIONS

1. À l'aide du document, **soulignez** parmi ces phrases celles qui définissent la démocratie représentative.

a. Les députés sont les représentants élus de la nation à l'Assemblée nationale.

b. Les citoyens gouvernent.

c. Les députés défendent leurs intérêts personnels.

d. Les citoyens élisent leurs représentants aux niveaux national et local.

2. Nommez les élections de la démocratie représentative.

3. Expliquez la phrase « Les député-e-s sont ma voix à l'Assemblée nationale ».

4. Vous n'avez pas 18 ans, et pourtant vous pouvez représenter les jeunes de votre âge, dans votre collège ou dans votre commune. **Citez** et **expliquez** les fonctions que vous pouvez exercer.

1 Campagne internet du ministère de l'Intérieur (2017)

Agir 18 S'engager au collège

COMPÉTENCE
Domaine 3 : je comprends le sens de l'engagement.

CONSIGNE

→ Au collège, vous pouvez vous mobiliser pour défendre les valeurs de la République. Voici des exemples d'élèves engagés. Étudiez les documents présentés.
Après avoir répondu aux questions, réalisez une affiche qui explique pourquoi et comment s'engager au collège.

1 Participer au Concours national de la Résistance et de la Déportation (CNRD)

Nous avons [...] fabriqué deux mains qui se rejoignent en forme de chandelier. La main gauche représente le passé (la négation de l'Homme), la main droite est vernie et représente le futur (le triomphe de l'Homme sur le nazisme). Nous l'avons intitulée « Ni haine, ni oubli » en hommage à une citation de Gérard Pichot, résistant et déporté dont nous avons étudié l'histoire [...].

Cette œuvre rend hommage aux victimes de la guerre. Nous voulions qu'elle marque les mémoires, mais également qu'elle donne de l'espoir. C'est une sculpture en terre cuite peinte et émaillée [...]. Pour réaliser cette œuvre, nous nous sommes documentés, nous avons visionné des films sur les camps de concentration. Certains passages étaient difficiles. Il est important de se souvenir pour éviter que cela ne se reproduise.

Interview de Célia, élève de 3e du club « Résistance », participante au concours.
Bulletin municipal de la commune de Thouars (Deux-Sèvres), *L'Écho de Saint-Jean*, octobre 2017.

Sculpture réalisée par le club « Résistance » du collège Marie de La Tour d'Auvergne, dirigé par Y. Champalou (professeure d'arts plastiques), pour le CNRD 2017 sur le thème : « La négation de l'Homme dans l'univers concentrationnaire nazi ». Les élèves ont obtenu le Prix national, dans la catégorie « travail collectif ».

2 S'engager pour une association

Au collège Paul Langevin de Romilly-sur-Seine (Aube) en 2017, les élèves et les professeurs se sont mobilisés pour récolter des bouchons pour l'association « Les Bouchons d'amour ». Les bouchons sont revendus à des sociétés de recyclage. Les bénéfices servent à acquérir du matériel pour personnes handicapées et à financer des actions humanitaires.

Le savez-vous ?

- En 2017, 43 000 collégiens et lycéens, ont participé au Concours national de la Résistance et de la Déportation.
- D'autres concours permettent aux collégiens de s'engager :

→ Le concours « **La Flamme de l'Égalité** » sur le thème de la Traite, de l'esclavage et leurs abolitions.

→ Le concours « **Zéro Cliché** » **pour l'égalité filles-garçons.**

→ Le prix « **Non au harcèlement** ».

→ Le concours **Médiatiks,** pour la réalisation d'un média scolaire (journal imprimé, site d'informations et blog, radio...).

QUESTIONS

1. Doc 1 et 2. Choisissez l'une des deux actions menées par ces collégiens et **présentez-la** à l'oral.

2. Doc 1 et 2. Complétez le tableau suivant.

	Pour quelles valeurs s'engagent ces collégiens ?	Selon vous, qu'est-ce que cet engagement apporte aux collégiens ?
Doc 1		
Doc 2		

3. Doc 1 et 2. Expliquez pourquoi ces exemples sont des engagements.

....

....

....

....

CE QUE J'AI APPRIS

4. J'**explique** pourquoi, au collège, il est important de s'engager.

....

....

....

....

JE M'ENGAGE

5. J'ai le projet de réaliser une affiche sur l'engagement au collège, au nom des valeurs de solidarité, de fraternité, d'égalité.

- Je **propose** des mots qui pourront figurer sur l'affiche :

....

- Je **propose** un slogan : ....

....

AUTO-ÉVALUATION

▶ **J'ai compris pourquoi il est important, au collège, de s'engager.**

☐ ☐ ☐

Agir 19

S'engager dans des actions syndicales

COMPÉTENCE
Domaine 3 : je comprends l'engagement individuel et collectif.

CONSIGNE

➜ À l'occasion de la fête du Travail le 1er mai, votre collège organise une exposition sur l'histoire du syndicalisme en France. Vous êtes chargés de réaliser une carte mentale sur l'engagement syndical. Analysez les documents pour répondre aux questions, puis complétez la carte mentale.

1 Quel est le rôle d'un syndicat ?

Les syndicats assurent la défense collective et individuelle des intérêts des salariés[1], au niveau national et à l'échelle de l'entreprise.

Par le biais de leurs délégués, ils assurent un rôle de communication important au sein de l'entreprise : en transmettant aux salariés les informations obtenues lors des réunions [...] ou encore en informant les salariés sur leurs droits individuels.

En cas de conflit avec l'employeur, les syndicats défendent les intérêts des salariés auprès des directions et peuvent engager toutes sortes d'actions de protestation (grèves, manifestations, pétitions...).

Dans les cas de conflits individuels, ils peuvent accompagner les salariés à des entretiens, défendre leurs intérêts auprès des instances hiérarchiques, les soutenir en cas de litiges débouchant sur une procédure judiciaire[2].

Les syndicats sont aussi des acteurs du dialogue social entre l'État, les employeurs et les salariés.

www.vie-publique.fr, 2018.

1. Personne employée du secteur privé.
2. Le conseil de prud'hommes est le tribunal du travail.

« Qu'est-ce qu'un syndicat ? », vidéo de France TV Éducation, 2017.

Nathan live! VIDÉO

2 Manifester à l'appel des syndicats

Manifestation intersyndicale au Mans (Sarthe), 10 octobre 2017.

3 Ce que dit la loi

6. Tout homme peut défendre ses droits et ses intérêts par l'action syndicale et adhérer au syndicat de son choix.

7. Le droit de grève s'exerce dans le cadre des lois qui le réglementent.

8. Tout travailleur participe, par l'intermédiaire de ses délégués, à la détermination collective des conditions de travail ainsi qu'à la gestion des entreprises.

Préambule de la Constitution de 1946.

4 Témoignage d'une militante syndicale

Après des études d'histoire, Laure décide de s'orienter vers l'enseignement aux jeunes sourds et malentendants : « J'ai des amis sourds et, en prenant des cours en langue des signes, je me suis rendue compte qu'il existait de grands besoins ».

La jeune femme intègre alors l'Institut national de jeunes sourds (INJS) de Bordeaux en tant qu'enseignante [...] en histoire-géographie. Elle croise à cette époque le chemin de la section Force ouvrière (FO) de l'INJS, qui se bat pour demander l'ouverture d'un concours national pour ces enseignants spécialisés.

Laure prend sa carte à FO[1] [...] et défend aujourd'hui [...] les cinq établissements nationaux de jeunes sourds et de jeunes aveugles, menacés par des baisses de subventions. « Nous voyons les autres syndicats le 17 janvier, nous envisageons d'organiser des actions locales. »

www.force-ouvriere.fr, janvier 2018.

1. Elle adhère au syndicat, puis devient militante.

QUESTIONS

1. Doc 1. Dans le document 1, **surlignez** les extraits qui définissent le rôle des syndicats.

2. Doc 3. **Expliquez** pourquoi il est possible de s'engager dans un syndicat.

....

....

3. Doc 2 et 4. **Caractérisez** la forme que prend l'engagement syndical dans ces deux documents.

....

....

....

....

CE QUE J'AI APPRIS

4. Je **complète** la carte mentale pour expliquer ce qu'est l'engagement syndical.

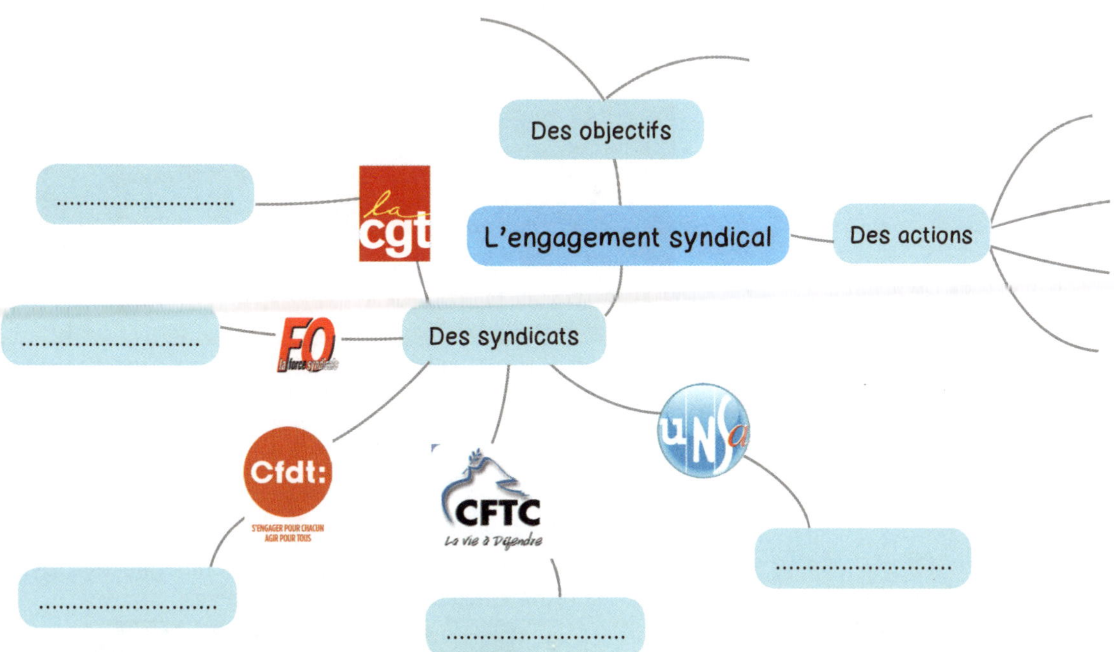

JE M'ENGAGE

5. Je **recherche** dans mes cours d'histoire un exemple d'action syndicale menée pour améliorer les conditions de travail des salariés et renforcer la démocratie.

....

....

....

AUTO-ÉVALUATION

▶ **J'ai compris à quoi sert l'engagement syndical.**

☐ ☐ ☐

Débattre 20 Pourquoi s'engager dans une association ?

COMPÉTENCE
Domaine 3 : je comprends l'importance de s'impliquer de manière responsable dans la vie collective.

1 Et si s'engager rendait heureux ?

Faire partie d'une **association** pour soutenir une cause qui nous tient à cœur, être bénévole auprès de ceux qui en ont besoin : nous sommes de plus en plus nombreux à nous engager. Un altruisme[1] qui apporte aussi beaucoup.

[...] Aujourd'hui, 25 % des Français auraient un engagement associatif selon Jacques Malet, président de l'institut « Recherches et solidarités » et auteur de l'enquête « La France bénévole » [...].

Entrer dans une association, [...] c'est se sortir [...] du monde du travail : en un mot, laisser libre court à sa personnalité, lui permettre de s'exprimer différemment. Pour les personnes isolées, c'est un bon moyen de ne pas s'ennuyer, de retrouver du lien social. Pour les autres, avoir un engagement peut être une manière d'acquérir et de développer des compétences. D'ailleurs, les jeunes n'hésitent plus à mentionner leur appartenance à une association dans leur CV[2]. Cela les aide à apprendre à s'exprimer, à développer leur réseau, voire à trouver du travail.

www.lexpress.fr, 12 juin 2017.

1. Souci désintéressé du bien-être d'autrui.
2. Curriculum vitæ : document qui présente le parcours scolaire et professionnel d'une personne.

3 Lise, bénévole pour « Main dans la main et solidaires »

Lise, engagée dans l'association « Main dans la main et solidaires », est **bénévole** à l'hôpital Necker. Elle donne régulièrement de son temps et de son énergie au service des enfants hospitalisés.

« Être bénévole à l'hôpital, c'est oser se dépasser, c'est oser être soi-même et authentique à 100 %. [...] Pendant le temps du bénévolat, je suis au service des enfants : je dois oser prendre des décisions et proposer de jouer. [...] Jouer avec des enfants qui ne peuvent ni bouger, ni parler, échanger avec des ados malades : c'est un challenge permanent. Ces enfants que je rencontre me font grandir et devenir adulte. En devenant bénévole à l'hôpital Necker, j'avais le désir de donner de mon temps. Je n'attendais rien en retour ; je ne pouvais imaginer que je recevrais autant, que les moments passés avec les enfants me rendraient différente. »

www.jeunesetbenevoles.org, 2018.

2 Des bénévoles témoignent

Nathan live! VIDÉO

Vidéo du ministère des Sports, de la Jeunesse, de l'Éducation populaire et de la Vie associative, 2017.

4 S'engager dès 16 ans

Le but de la loi « Égalité et citoyenneté » : encourager l'engagement républicain pour faire vivre la fraternité. Campagne du ministère de la Ville, de la Jeunesse et des Sports, décembre 2016.

Le savez-vous ? Nathan live! SITE INTERNET

- Le site internet association.gouv.fr accompagne les citoyens dans la recherche d'une mission associative.

Vocabulaire

Association
Groupement de personnes qui s'unissent pour mener une action commune sans chercher à faire de profit.

Bénévole
Personne qui exerce volontairement une activité, sans être rémunérée.

Étape 1 J'analyse le thème du débat

1. Doc 1 à 4. Résumez l'idée générale de chacun des documents.

Étape 2 Je participe au débat en classe

2. Pourquoi s'engager dans une association ?

a. Avant le débat : exprimez votre point de vue dans le tableau en vous aidant des documents et de votre expérience personnelle.

b. Pendant le débat : notez les arguments des autres élèves.

c. Après le débat : entourez dans le tableau les arguments avec lesquels vous êtes d'accord.

	Pourquoi est-il important de s'engager dans une association ?
Mes arguments	
Les arguments des autres élèves	

Étape 3 Je m'engage en exprimant mon point de vue

3. À la suite du débat en classe, je **recherche** une association dans laquelle je souhaiterais m'engager. Je la **présente** et j'**explique** pourquoi je l'ai choisie.

AUTO-ÉVALUATION

▶ J'ai pris conscience de l'importance de l'engagement au sein d'une association.

☐ ☐ ☐

Je retiens

Participer à la vie démocratique

A S'engager, pour mieux vivre ensemble

- Être citoyen ne se limite pas à l'exercice du droit de vote. C'est aussi **participer** activement à la vie sociale, quel que soit son âge, sa nationalité, faire preuve d'initiative, assumer des responsabilités au nom de l'**intérêt général**. Ainsi les citoyens peuvent agir pour améliorer la vie en société.

- En s'engageant, les citoyens font vivre les **valeurs de la République**, par exemple la **solidarité**, pour le bien-être commun, et aussi la **fraternité**, qui renforce les liens entre les personnes. Les citoyens peuvent **se mobiliser collectivement**, par l'intermédiaire d'**associations**, en tant que **bénévoles** ou par des **dons**. Ils peuvent aussi **agir individuellement**, par des actes d'entraide dans la vie quotidienne. → voir p. 68-69.

B S'engager dans la vie politique et sociale

- Des citoyens font le choix de devenir **militants** dans un **parti politique**. Ils débattent des idées du parti, les font connaître en distribuant des tracts, participent aux campagnes électorales. Dans la vie professionnelle, des citoyens militent dans des **syndicats**. Ils défendent les intérêts des **salariés** par l'intermédiaire des délégués du personnel, recourent à la manifestation ou à la grève, participent au **dialogue social** avec les représentants des employeurs et avec l'État. La **Constitution** de la Ve République garantit le **pluralisme** et la **liberté syndicale**. → voir p. 66-67, 73.

- Au collège, les **élèves s'engagent** en tant qu'élus délégués. Ils agissent aussi pour les **valeurs de la République**, en participant à des actions « Mémoire » ou de solidarité, avec des associations. → voir p. 64-65, 72.

Les mots importants

Association
Groupement de personnes qui s'unissent pour mener une action commune sans chercher à faire de profit.

Bénévole
Personne qui exerce volontairement une activité, sans être rémunérée.

Dialogue social
Négociations entre les représentants du gouvernement, des salariés (syndicats), des chefs d'entreprise (organisations d'employeurs), sur des questions d'intérêt commun (conditions de travail…).

Intérêt général
Ce qui est bénéfique à l'ensemble de la collectivité.

Militant
Adhérent d'une association, d'un parti politique ou d'un syndicat, qui s'engage activement dans les actions menées.

Pluralisme
Existence de plusieurs opinions politiques.

Syndicat
Association qui défend les intérêts professionnels de ses adhérents.

Les Valeurs de la République

Engagement
Acte par lequel une personne décide d'agir. S'engager, c'est **être acteur de ses choix** et **participer à la vie de la société**.
L'engagement repose sur l'esprit de coopération et la **responsabilité** vis-à-vis d'autrui.

Je révise chez moi

→ *Je vérifie que je connais l'essentiel du chapitre.*

Je sais définir et utiliser dans une phrase :
- ✓ intérêt général
- ✓ syndicat
- ✓ engagement

Je sais expliquer :
- ✓ l'engagement au collège
- ✓ l'engagement dans la vie professionnelle
- ✓ l'engagement dans la vie politique

Je m'engage et j'argumente :
- ✓ Pourquoi est-il important de s'engager au collège ?
- ✓ Quel est l'intérêt du pluralisme politique ?
- ✓ Militer dans une association, est-ce pour se faire plaisir ?

→ *Je teste mes connaissances avec des quiz interactifs.* Nathan live! QUIZ INTERACTIFS

Apprendre avec une capsule vidéo

Réaliser une capsule vidéo est une façon créative et attrayante de synthétiser le cours, en lister les mots clés et le mémoriser.

Comment réaliser une capsule vidéo ?

1. Téléchargez l'application gratuite **adobe spark vidéo** ou rendez-vous sur le site **adobe-spark**. Créez un compte. Sp Adobe Spark

2. Préparez les illustrations qui animeront votre capsule.

3. Donnez un titre à votre capsule. Vous pouvez ensuite enregistrer votre voix sur les images que vous avez préparées et/ou ajouter un texte.

Boîte à outils

- Dans la rubrique « thème », vous pouvez choisir différentes options de présentation (couleurs et polices différentes).
- La rubrique vous permet de disposer les éléments de la diapositive de différentes façons. Vous pouvez aussi choisir la musique de fond de votre vidéo.
- Des pictogrammes sont proposés pour illustrer votre travail (outil « Icon »).

À vous de jouer ! Pour préparer votre capsule, complétez le début de ce storyboard (représentation visuelle des séquences qui composeront votre vidéo).

Un citoyen participe à la vie politique en votant, mais il peut aussi agir pour améliorer la vie en société.

....

....

Poursuivez le storyboard à l'aide du « je retiens » p. 70.

EXERCICES

J'applique ce que j'ai appris

EXO **1** **J'analyse l'engagement d'élèves pour les valeurs de la République**

1 De l'engagement de résistants hier à l'engagement de collégiens aujourd'hui

Un vent de liberté est le quatrième album entièrement réalisé par les élèves de 3e du collège Plaisance à Créteil (Val-de-Marne). Il traite de l'engagement des résistants français pour la défense des valeurs républicaines sous l'Occupation.

En parfaite cohérence avec le programme scolaire de 3e, les élèves ont déjà réalisé quatre albums qui abordent les thèmes de la démocratie, de l'entretien du souvenir, de la citoyenneté, et de l'engagement en lien avec l'histoire de la Première et de la Seconde Guerre mondiale. La portée de cette dernière œuvre est la transposition de l'engagement sous l'Occupation à l'engagement citoyen aujourd'hui.

www.cheminsdememoire.gouv.fr, 2018.

Un vent de liberté, réalisé en 2017 par les élèves de l'atelier « Bande dessinée et Citoyenneté » du collège Plaisance, encadrés de leurs professeurs et de M. Peronard, artiste.

a. Présentez l'action des élèves du collège Plaisance.

....

....

....

b. Observez la couverture et **décrivez**-la. Quel message veut-elle faire passer ?

....

....

....

....

c. Que **pensez-vous** de l'engagement des élèves du collège Plaisance ?

....

....

....

....

....

....

Coup de pouce

- **Associez** les valeurs de la République à vos arguments.

AUTO-ÉVALUATION

▶ J'ai compris pourquoi il est important de s'engager au collège.

☐ ☐ ☐

Je m'entraîne

EXO

2 Je caractérise le rôle d'un citoyen engagé dans la vie politique

1 Boris, militant d'un parti politique

« Je m'intéresse à la politique depuis 2002. La montée de l'extrême droite m'a convaincu de l'importance du militantisme. J'ai attendu avant de m'engager, pour être sûr du courant auquel j'appartiendrais. Je ne voulais pas entrer trop jeune pour ne pas être formaté, je voulais partir de mes propres idées. Et c'est finalement vers le Parti socialiste que je me suis tourné. [...]

Militer, c'est essayer d'intéresser les citoyens à la politique, et c'est un dévouement pour ses propres idées. C'est pousser les gens à aller voter. La lutte contre l'abstention, ça fait partie des choses qui m'ont poussé à militer. [...]

Pour le moment, j'ai fait campagne pour les départementales. J'ai distribué des tracts, j'ai fait du porte-à-porte. Les actions militantes, le terrain, c'est vraiment bien. Mais j'aime aussi les réunions. C'est là que militer est intéressant, que le débat d'idées se crée, et qu'on voit le monde politique de l'intérieur. »

www.la-croix.com, août 2015.

2 Ce que dit la loi

Art. 4. Les partis et groupements politiques concourent à l'expression du suffrage. Ils se forment et exercent leur activité librement. Ils doivent respecter les principes de la souveraineté nationale et de la démocratie. [...]

La loi garantit les expressions pluralistes des opinions et la participation équitable des partis et groupements politiques à la vie démocratique de la nation.

Constitution de la Ve République, 1958.

Vocabulaire

Militant
Adhérent d'une association, d'un parti politique ou d'un syndicat, qui s'engage activement dans les actions menées.

a. Doc 1. Nommez le parti politique dans lequel Boris s'est engagé. **Citez** d'autres partis politiques que vous connaissez.

b. Doc 1. Décrivez l'engagement de Boris dans son parti.

c. Doc 2. Montrez comment la loi permet l'engagement dans la vie politique.

AUTO-ÉVALUATION

▶ J'ai compris ce qu'est l'engagement citoyen dans la vie politique.

☐ ☐ ☐

Situation pratique L'engagement dans la vie collective

1 Affiche pour un forum « Service civique » dans le Cantal (région Auvergne-Rhône-Alpes), 2016

2 Le service civique

Le service civique permet de s'engager pour une période de 6 à 12 mois dans une mission au service de la collectivité. Vous aurez la possibilité de transmettre le sens des valeurs républicaines et de contribuer au renforcement du lien social.

Les domaines d'action : par exemple accès de jeunes en difficulté à des activités culturelles, aide à la scolarisation d'enfants dans des pays en voie de développement, sensibilisation des enfants au tri des déchets, aide à la reconstruction de sites endommagés par une catastrophe naturelle et accompagnement des populations, participation à des chantiers de restauration de sites historiques; sensibilisation des adolescents sur les conduites à risques, accompagnement des personnes sans-abris, des personnes en situation de handicap dans leurs pratiques sportives…

D'après www.service-civique.gouv.fr, février 2018.

MÉTHODE

Analyser une affiche

1. **Présenter l'affiche**
   - Nommer l'auteur et le destinataire de l'affiche.
   - Identifier la nature de l'affiche, sa date.

2. **Observer et décrire l'affiche**
   - Repérer le titre, le slogan principal.
   - Relever les différents éléments qui composent l'affiche.
   - Indiquer la signification du texte.

3. **Interpréter l'affiche**
   - Trouver le sens de l'affiche à partir des éléments observés.

QUESTIONS

1. Indiquez le thème de l'affiche, son auteur, ses destinataires.

2. Identifiez le message de l'affiche, et **justifiez**-le à l'aide des éléments de l'affiche.

3. Soulignez dans le document 2 les informations qui illustrent le slogan du document 1 :
« Le service civique, une mission pour chacun au service de tous ».

4. Exprimez votre point de vue : selon vous, comment le service civique permet-il de déclencher une conscience citoyenne ?

Aide
- La **conscience citoyenne** est le fait d'appliquer les valeurs de la citoyenneté (respect d'autrui, respect des règles, solidarité).
- **Relisez** la page 70 du chapitre 5.

5. Vous avez décidé d'effectuer un service civique dès que vous aurez 16 ans. Vos parents sont réticents car ils estiment qu'il faut d'abord penser à vos études. **Argumentez** pour les convaincre de votre choix.

La Défense nationale

COMPÉTENCE
Domaine 3 : je comprends les principes de la Défense inscrits dans la Constitution.

1 L'organisation de la Défense nationale

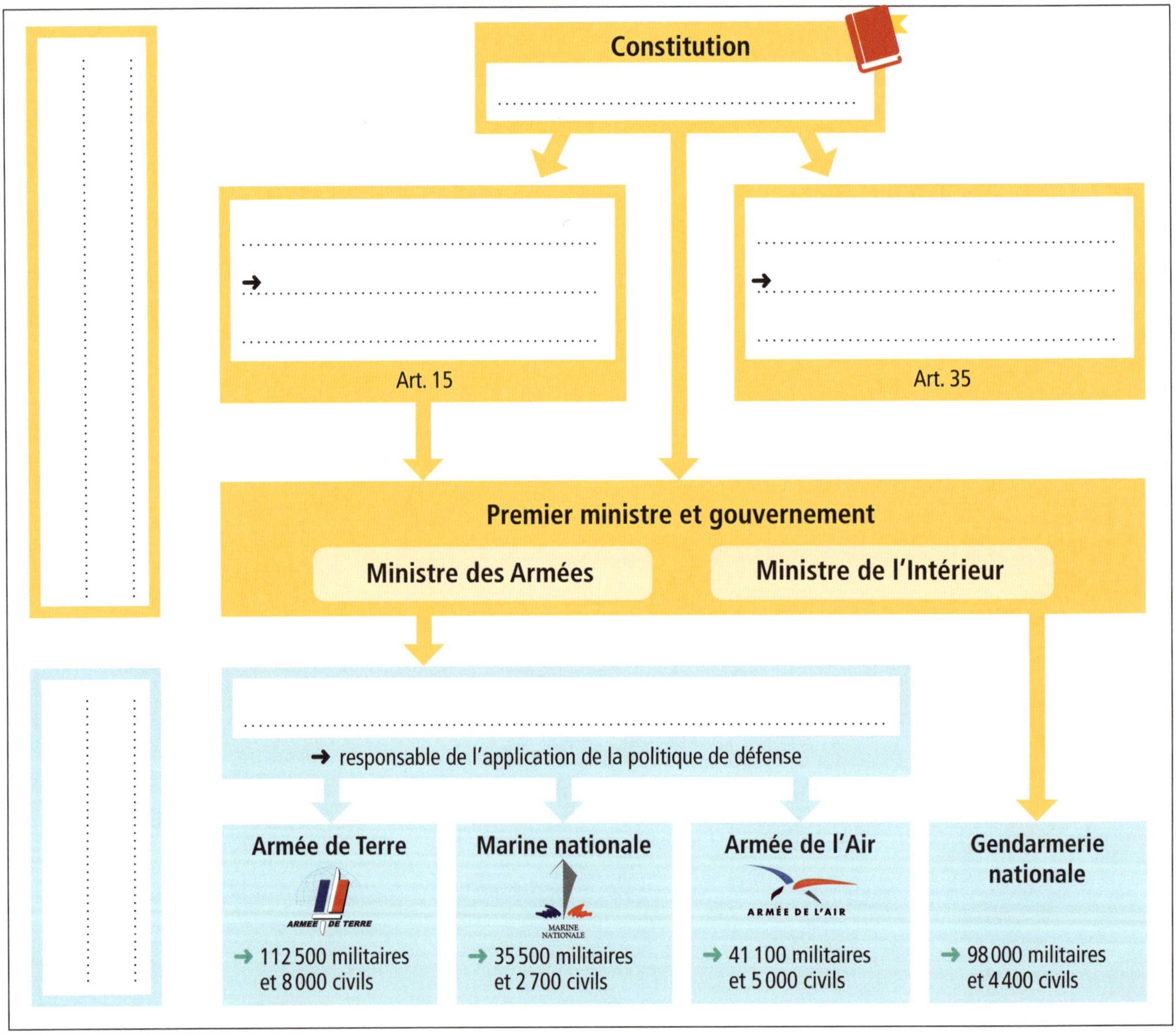

2 Ce que dit la loi

Art. 13. Le Président de la République […] nomme aux emplois militaires de l'État les officiers généraux, parmi lesquels le chef d'état-major des armées.

Art. 15. Le Président de la République est le chef des armées. Il préside les conseils et les comités supérieurs de la Défense nationale.

Art. 20. Le gouvernement détermine et conduit la politique de la nation. Il dispose […] de la force armée.

Art. 21. Le Premier ministre […] est responsable de la Défense nationale.

Art. 35. La déclaration de guerre est autorisée par le Parlement. Le gouvernement informe le Parlement de sa décision de faire intervenir les forces armées à l'étranger […]. Cette information peut donner lieu à un débat qui n'est suivi d'aucun vote. Lorsque la durée de l'intervention excède quatre mois, le gouvernement soumet sa prolongation à l'autorisation du Parlement.

Constitution de la Ve République, 1958.

Le savez-vous ?

• En 2017, le ministère de la Défense a pris le nom de **ministère des Armées**, en reconnaissance du rôle des militaires, qui est de protéger et défendre la France et ses habitants, à l'intérieur et à l'extérieur des frontières.

3 Les forces armées françaises déployées dans le monde

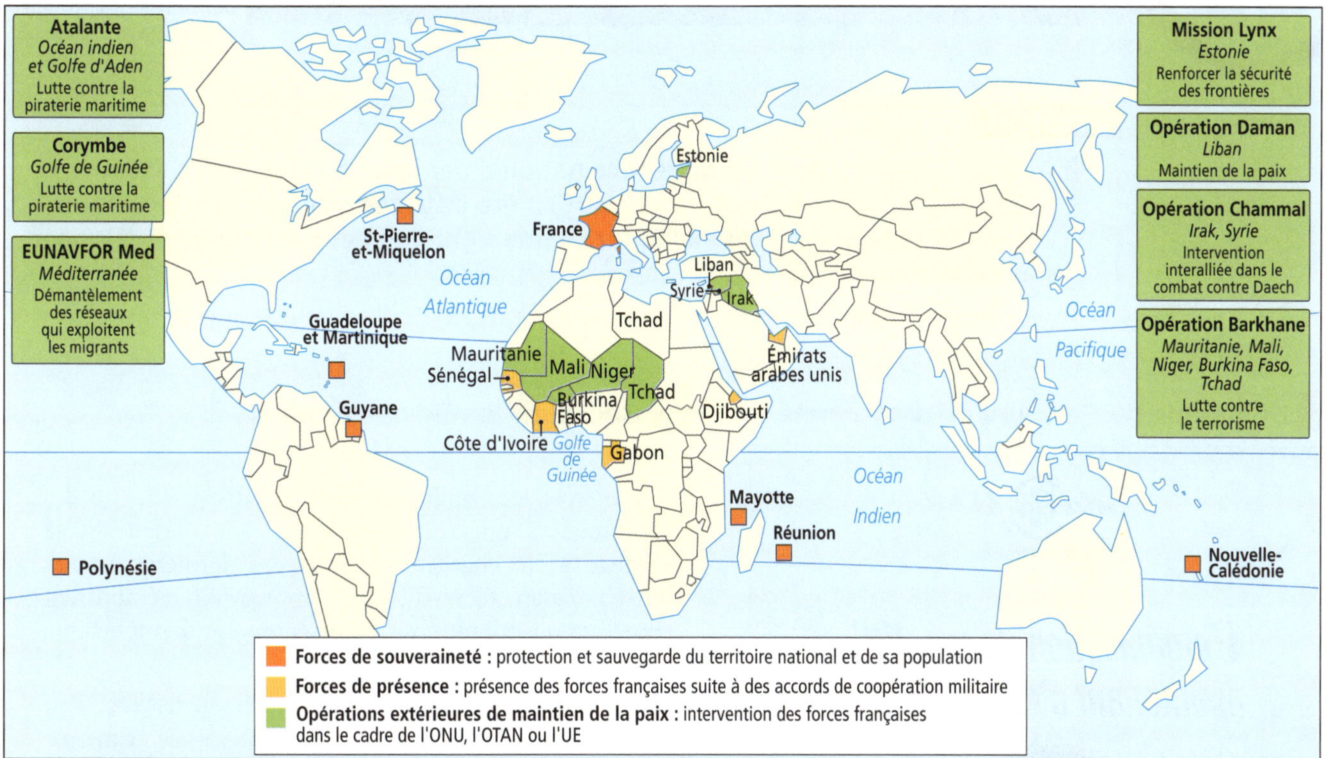

Depuis juillet 2017, plus de 30 000 militaires français sont déployés dans le monde, dont 13 000 sur le territoire national.

QUESTIONS

1. Doc 1 et 2. Complétez le schéma à l'aide du document 2. Utilisez les expressions suivantes : *Les armées appliquent les décisions – Président de la République – chef d'état-major des armées – peut engager les armées dans un conflit – Le pouvoir politique décide – Parlement – chef des armées – 1958.*

Coup de pouce

Pour vous aider, **soulignez** dans le doc 2 :
- en **rouge**, le rôle du Premier ministre.
- en **vert**, le rôle du gouvernement.
- en **bleu**, le rôle du Parlement.

2. Doc 1 et 2. À l'oral, **expliquez** le pouvoir des acteurs de la Défense nationale : Président de la République, Premier ministre, député et sénateur, chef d'état-major des armées.

3. Doc 3. Localisez et **caractérisez** les trois types d'interventions des forces armées françaises.

Types d'interventions	Où ?	Pourquoi ?
Forces de souveraineté	…………………… ……………………	…………………… ……………………
Forces de présence	…………………… …………………… ……………………	…………………… …………………… ……………………
Opérations extérieures de maintien de la paix (un exemple)	…………………… …………………… …………………… ……………………	…………………… …………………… …………………… ……………………

AUTO-ÉVALUATION

▸ **J'ai compris le fonctionnement de la Défense nationale.**

☐ ☐ ☐

Agir 22

Participer à la Journée Défense et Citoyenneté

COMPÉTENCE
Domaine 3 : je prépare mon engagement en tant que citoyen.

CONSIGNE

➜ À la suite de la suspension du service national par la loi du 28 octobre 1997, la Journée Défense et Citoyenneté (JDC) a été instituée. À l'aide des documents, définissez cette journée et expliquez ce que signifie « s'engager pour développer son **esprit de défense** ».

1 Une étape du Parcours de citoyenneté

Campagne du ministère des Armées, 2017.

Info !

Le **Parcours de citoyenneté** comprend :
- l'enseignement obligatoire de la Défense (en classes de 3e et de 1re),
- le recensement obligatoire à 16 ans,
- la Journée Défense et Citoyenneté (JDC),
- l'appel sous les drapeaux (en cas de menace).

Vocabulaire

Esprit de défense
Esprit civique des citoyens qui met une population en capacité d'agir dans l'intérêt général face aux risques et aux menaces. Il développe le lien entre les armées et la nation. Il vise à préserver les valeurs de la démocratie (liberté, solidarité…), au service de la paix.

2 Découvrir le rôle des armées

Les menaces militaires n'ont pas disparu […] et les nombreuses opérations militaires dans lesquelles la France a été engagée au cours des dernières années (Afghanistan, Côte d'Ivoire, Libye, Mali) démontrent que l'action militaire reste une composante importante de notre sécurité.

Dans le même temps, les risques et les menaces se sont multipliés. Le terrorisme, la cybermenace[1], le crime organisé, la dissémination des armes conventionnelles[2], la prolifération des armes de destruction massive, les risques de pandémies[3], les risques technologiques et naturels peuvent affecter gravement la sécurité de la nation.

Livre blanc sur la Défense et la Sécurité nationale, 2013.

1. Menace contre les réseaux informatiques.
2. Armes de guerre classiques (mines…), à distinguer des armes de destruction massives (nucléaires, chimiques…).
3. Épidémie présente sur une large zone géographique.

3 Comprendre le sens du devoir de mémoire

À Maillé (Indre-et-Loire), village où le 25 août 1944, 124 habitants ont été massacrés par des soldats de l'armée allemande, 87 jeunes ont été réunis autour d'un des survivants, Serge Martin, 10 ans en 1944, et qui a perdu ses parents et son frère.

Le capitaine De Lima, chef du centre du Service national[1] d'Angers, a voulu mettre ces jeunes en présence d'un homme victime de la barbarie de soldats âgés à l'époque de 16 à 19 ans, embrigadés depuis leur enfance et incapables de dire non à un tel ordre : « Cette rencontre, c'est transmettre des valeurs d'humanisme et de citoyenneté, les préparer à être capables de dire non à des situations inhumaines. »

Les jeunes ont terminé cette journée par un dépôt de gerbe au pied de la stèle qui porte le nom des 124 victimes du massacre.

D'après France Bleu Touraine, 27 septembre 2017.

1. Qui organise les JDC dans les régions.

QUESTIONS

1. Doc 1 à 3. Prenez connaissance de chacun des documents et **soulignez** les mots importants. À l'oral, **présentez-les** en une phrase.

2. Doc 1. Analysez l'affiche de la Journée Défense et Citoyenneté.
- **Expliquez** le message de la jeune fille.

....

....

....

....

Coup de pouce
- Aidez-vous des informations du site internet du ministère des Armées. Nathan live! SITE INTERNET

- **Indiquez** la signification du logo de la JDC (couleurs, forme, mots).

....

....

3. Doc 1 à 3. Indiquez pourquoi cette journée vous concerne. Que va-t-elle vous apporter ?

....

....

....

4. Doc 3. Exprimez votre jugement : pourquoi le devoir de mémoire fait-il partie du programme de la JDC ?

....

....

....

....

CE QUE J'AI APPRIS

5. La JDC, c'est quoi ? Je **rédige** une ou deux phrases qui définissent cette journée.

....

....

....

JE M'ENGAGE

6. À quelles actions pourrais-je **participer**, au collège ou dans ma commune, pour « développer mon esprit de défense » ? J'**explique** pourquoi.

....

....

....

....

AUTO-ÉVALUATION

▶ **J'ai compris ce qu'est la Journée Défense et Citoyenneté.**

☐ ☐ ☐

Agir 23

Assurer la sécurité sur le territoire national

COMPÉTENCE
Domaine 3 : je comprends les valeurs d'une société démocratique.

CONSIGNE

➜ Afin de vous informer sur la sécurité du territoire national et de sa population, vous interviewez des militaires des différentes armées lors du rallye citoyen organisé par votre collège. Aidez-vous des documents.

1 Les missions des armées françaises

Nathan live! VIDÉOS des trois armées

ARMEE DE TERRE

➜ L'**armée de Terre** protège les citoyens sur le territoire national (opération Vigipirate-Sentinelle) et participe aux opérations de soutien à la population (catastrophes naturelles, incendies de forêt…).

Soldats de l'opération Sentinelle à la gare Montparnasse, le 2 octobre 2017. 10 000 soldats sont déployés sur le territoire national.

ARMÉE DE L'AIR

➜ L'**armée de l'Air** surveille le ciel 7 jours sur 7, 24 heures sur 24 afin de détecter tous les appareils survolant le territoire national.

Baptême du nouvel avion militaire A400M à Lyon, 2015.

MARINE NATIONALE

➜ La **Marine nationale** contrôle l'espace maritime (sous la mer, sur la mer, et au-dessus de la mer). Elle intervient dans la lutte contre les trafics illicites, les pollutions, et dans les opérations de sauvetage en mer.

D'après le site du ministère des Armées, 2017.

Acheminement de moyens de secours vers l'île de Saint-Martin après le passage de l'ouragan Irma sur les Antilles, septembre 2017.

QUESTIONS

1. Doc 1. Complétez le tableau en **citant** les espaces protégés par chacune des armées françaises.

Armées	Lieux
....	....
....	....
....	....

2. Doc 1. Expliquez de quelles manières les militaires assurent la sécurité du territoire national. Vous pouvez prendre appui sur un exemple.

....

....

....

....

Coup de pouce

- **Identifiez** les situations dans lesquelles les militaires interviennent pour protéger la population.

3. Doc 1. Par leurs interventions sur le territoire national, quelles valeurs les militaires défendent-ils ? **Choisissez** une valeur et **justifiez** votre choix.

....

....

....

....

Coup de pouce

- Les **valeurs de la République** sont : liberté, égalité, fraternité, dignité, respect, esprit de justice…

CE QUE J'AI APPRIS

4. J'**explique** pourquoi les armées françaises doivent protéger et défendre le territoire national.

....

....

....

....

JE M'ENGAGE

5. Vous **interviewez**, au choix, un militaire de l'armée de Terre, de l'armée de l'Air, ou de la Marine. **Préparez** les questions que vous voudriez lui poser.

....

....

....

....

AUTO-ÉVALUATION

▶ **J'ai compris le sens des missions des armées sur le territoire national.**

☐ ☐ ☐

Agir 24

L'engagement de la France dans l'opération Barkhane

COMPÉTENCE
Domaine 5 : je prends conscience du monde qui m'entoure.

CONSIGNE

→ Vous avez pour mission d'expliquer le sens de l'engagement de la France dans l'opération Barkhane. Seul-e ou avec votre voisin-e, vous réalisez un diaporama sur ce sujet, que vous présenterez oralement à vos camarades.

Repères

- **2013 :** l'**ONU** donne son accord pour une intervention militaire au nord du **Mali** contre les groupes armés qui terrorisent la population. La **France** s'engage dans cette opération extérieure, pour la paix et la sécurité.
- **2014 :** la France étend son aide auprès des États africains du **G5 Sahel**. C'est l'**opération Barkhane** (4000 militaires en 2017).

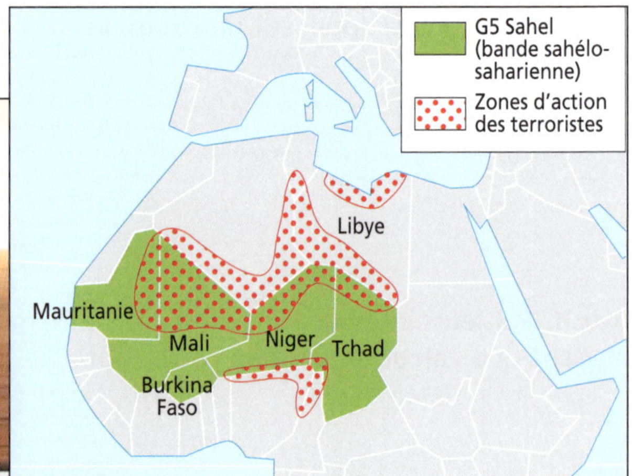

1 Agir contre les groupes armés terroristes

Reportage à bord d'un raid blindé dans la zone des trois frontières (Niger, Tchad, Libye). Ministère des Armées, 2015.

live! VIDÉO

2 Agir avec des partenaires

L'opération Barkhane repose sur une logique de partenariat avec les principaux pays de la bande sahélo-saharienne[1] (BSS). Elle vise en priorité à favoriser l'appropriation par les pays partenaires du G5 Sahel de la lutte contre les Groupes armés terroristes (GAT), sur l'ensemble de la bande sahélo-saharienne. Elle agit avec les autres forces engagées dans le processus de stabilisation de la région, la MINUSMA[2], l'EUTM[3] Mali et les Forces armées des pays partenaires du G5 Sahel.

Depuis le début de l'opération, plus de 410 terroristes ont été mis hors de combat. Plus de 22 tonnes d'armes ont été saisies ou détruites.

Dossier de presse de l'opération Barkhane, ministère des Armées, juillet 2017.

1. Zone vaste comme l'Europe (voir carte : doc 1).
2. Mission militaire et humanitaire des Nations unies pour la stabilisation au Mali.
3. Mission européenne de formation de l'Armée malienne.

3 Agir auprès des populations locales

Une équipe médicale de militaires français dispense des soins auprès des populations locales. Tin Hama, Mali, 2017.

QUESTIONS

1. Doc 1 et 2. Expliquez pourquoi la France s'est engagée dans l'opération Barkhane.

....

....

....

....

Coup de pouce

• Vous pouvez vous référer à la carte p. 77.

2. Doc 1 et 2. Nommez les partenaires militaires de la France dans cette opération extérieure.

....

....

....

3. Doc 3. Caractérisez les relations entre les militaires français et les populations des pays du G5 Sahel.

....

....

....

CE QUE J'AI APPRIS

4. À partir des documents, je **présente** l'opération Barkhane sous la forme d'un diaporama. Je **prévois** un thème par diapositive :

Diapo 1 Quelle origine ? ....

....

Diapo 2 Quels buts ? ....

....

Diapo 3 Quels partenaires de la France ? ....

....

Diapo 4 Quelles actions sur le terrain ? ....

....

JE M'ENGAGE

5. L'opération Barkhane, « c'est notre sécurité qui est en jeu, celle des pays africains et la nôtre en même temps » (ministre français de la Défense, 2014). J'**explique** le sens de cette phrase.

....

....

....

....

AUTO-ÉVALUATION

▶ Je sais expliquer pourquoi la France s'est engagée dans l'opération Barkhane.

☐ ☐ ☐

La France doit-elle intervenir militairement dans le monde ?

COMPÉTENCE
Domaine 3 : j'exprime mon jugement de manière responsable.

1 L'engagement dans l'opération Eunavfor Med

« Cette opération a été lancée fin juin 2015 par l'Union européenne suite au naufrage d'un chalutier qui avait entraîné la mort de 800 migrants au mois d'avril. Elle vise à démanteler les réseaux criminels qui exploitent les migrants tentant l'aventure de la traversée de la Méditerranée depuis les côtes libyennes. Elle compte actuellement 1 020 militaires, dont 800 en mer. En nombre de personnes engagées, la France est la deuxième force contributrice derrière l'Italie. L'opération est financée par les États qui y participent.

L'opération est d'abord concentrée sur le recueil d'informations. Nous devons connaître les modes d'actions des trafiquants, le profil des passeurs. [...] Pour capturer ces derniers, il ne s'agit pas de détruire les bateaux transportant des migrants, qui ne sont pas des ennemis mais des personnes à sauver. »

Interview du contre-amiral Hervé Bléjean, propos recueillis par Anne Le Mir, *La Croix*, 5 août 2015.

Sauvetage de migrants au large des côtes libyennes par des militaires d'Eunavfor Med, 2016. Depuis 2015, 40 000 personnes ont été sauvées.

2 Ce que dit la loi

Préambule de la Constitution de 1946.

La République française, fidèle à ses traditions, se conforme aux règles du droit public international. Elle n'entreprendra aucune guerre dans des vues de conquête et n'emploiera jamais ses forces contre la liberté d'aucun peuple.

Constitution de la Vᵉ République, 1958.

Art. L.1111-1.

La Défense [...] pourvoit au respect des alliances, traités et accords internationaux [...].

Code de la Défense.

3 La stratégie de défense et de sécurité nationale

Le savez-vous ?

• Une **opération extérieure de maintien de la paix** (voir p. 77) coûte un million d'euros par jour en raison du coût de l'armement, de plus en plus sophistiqué (2016 et 2017).

Vocabulaire

Dissuasion nucléaire
Dans une démocratie, arme exclusivement défensive destinée à faire peur à l'adversaire, pour maintenir la paix.

Livre blanc sur la Défense et la Sécurité nationale
Texte officiel de 2013 qui fait état des risques et des menaces et définit les objectifs de la politique de Défense et de Sécurité nationale de la France.

Étape 1 J'analyse le thème du débat

1. Doc 1 et 2. Exercez votre esprit critique : la France a-t-elle la volonté de faire la guerre à d'autres États ?

....

....

....

2. Doc 1 à 3. Expliquez pourquoi la France veut sécuriser des lieux hors de ses frontières.

....

....

....

Étape 2 Je participe au débat en classe

Coup de pouce

- Pour vous aider à formuler différents arguments, mettez-vous à la place : d'un **citoyen français**, d'un **militaire**, d'un **habitant d'un pays où la France intervient**.

3. La France doit-elle intervenir militairement dans le monde ?

a. Avant le débat : dans le tableau, en prenant appui sur les documents et sur ce que je sais déjà, je note mes arguments.

b. Pendant le débat : je note les arguments des autres élèves.

c. Après le débat : j'entoure les arguments avec lesquels je suis d'accord.

	Arguments en faveur des interventions militaires de la France dans le monde	Arguments opposés aux interventions militaires de la France dans le monde
Mes arguments	....	....
Les arguments des autres élèves	....	....

Étape 3 Je m'engage en exprimant mon point de vue

4. À la suite du débat, j'**exprime** mon point de vue sur l'engagement militaire de la France dans le monde.

....

....

....

AUTO-ÉVALUATION

▶ **J'ai défendu mon jugement de manière responsable.**

☐ ☐ ☐

Je retiens

Les principes de la Défense nationale

A La Défense nationale

- La **Défense nationale** a pour rôle de protéger le territoire de la France et ses habitants, ses institutions, ses intérêts économiques, face aux **risques** (naturels, technologiques, sanitaires) et aux **menaces** (terrorisme, cyberattaques…). → voir p. 80-81.
- Le **Président de la République** est le chef des armées et le garant de l'indépendance et de l'intégrité du territoire national. La **dissuasion nucléaire** relève de sa responsabilité. Le **gouvernement** définit sa stratégie de défense dans le **Livre blanc sur la Défense et la Sécurité nationale** (2013). Le **Parlement** vote l'engagement des armées dans un conflit. → voir p. 76-77.
- Défendre leur pays est, pour les **Français**, une obligation inscrite dans le **Parcours de citoyenneté**. Ils peuvent aussi s'engager dans la **Réserve militaire**. → voir p. 78-79.

B La sécurité de la France, à l'intérieur et à l'extérieur de son territoire

- À la suite des attentats qui ont touché la France depuis 2015, le **plan Vigipirate** a été renforcé et une **loi sur la sécurité intérieure et la lutte contre le terrorisme** a été votée en 2017. Lors de **catastrophes majeures** qui touchent la France, les armées viennent en aide aux populations (ouragan Irma en 2017…).
- Avec ses **alliés**, la France est présente dans le monde pour maintenir la **paix**. Ses armées interviennent sous mandat de l'**ONU** dans la lutte contre le terrorisme, par exemple en **Afrique** (opération Barkhane), au **Proche-Orient** (opération Chammal). Dans le cadre de la **Politique de Sécurité et de Défense commune** (PSDC) de l'**Union européenne**, elles interviennent contre le trafic de migrants en **Méditerranée** et contre la piraterie dans l'**océan Indien**. → voir p. 77.

Les mots importants

Dissuasion nucléaire
Dans une démocratie, arme exclusivement défensive destinée à faire peur à l'adversaire, pour maintenir la paix.

Livre blanc sur la Défense et la Sécurité nationale
Texte officiel de 2013 qui fait état des risques et des menaces et définit les objectifs de la politique de Défense et de Sécurité nationale de la France.

Parcours de citoyenneté
Composé de 4 étapes : enseignement de la Défense en 3e et en 1re, recensement (inscription à la mairie de sa commune de tout Français âgé de 16 ans), Journée Défense et Citoyenneté (JDC), appel sous les drapeaux (en cas de menace).

Réserve militaire
Citoyens volontaires qui s'impliquent dans une unité militaire ou qui interviennent dans la société pour promouvoir l'esprit de défense.

Les Valeurs de la République

▶ L'esprit de défense

Esprit civique des citoyens qui met une population en capacité d'agir dans l'intérêt général face aux risques et aux menaces. Il développe le lien entre les armées et la nation. Il vise à préserver les valeurs de la démocratie (liberté, solidarité…), au service de la paix.

Je révise chez moi

→ *Je vérifie que je connais l'essentiel du chapitre.*

Je sais définir et utiliser dans une phrase :
- ✓ Journée Défense et Citoyenneté
- ✓ opération Sentinelle
- ✓ menaces et risques
- ✓ alliés de la France

Je sais expliquer :
- ✓ le lien entre le pouvoir politique et la Défense nationale
- ✓ le rôle des armées françaises à l'intérieur du territoire national
- ✓ le rôle des armées françaises dans le monde

Je m'engage et j'argumente :
- ✓ Est-il nécessaire que les citoyens fassent preuve d'esprit de défense ?
- ✓ Pourquoi les armées françaises sont-elles présentes sur des mers et des océans ?
- ✓ Pourquoi peut-on dire que les armées françaises ont également un rôle humanitaire ?

→ *Je teste mes connaissances avec des quiz interactifs.* Nathan live! QUIZ INTERACTIFS

Apprendre en élaborant une évaluation

Pour mémoriser la leçon, on peut se mettre à la place d'un-e professeur-e et construire une évaluation.

Comment réaliser une évaluation ?

1. Lisez attentivement « je retiens ».
2. Élaborez un QCM à l'exemple de l'exercice 1 ci-dessous.
3. Rédigez des questions sur un document avec des consignes précises et notez les réponses attendues (exercice 2).

À vous de jouer ! Réalisez une évaluation.

1 Bien connaître sa leçon

> Je réalise un QCM en proposant 3 réponses (1 bonne et 2 mauvaises) pour chaque question.

a. La Défense nationale a pour mission de :

1. ☐ ....
2. ☐ ....
3. ☐ ....

b. L'engagement des armées dans un conflit est voté par :

1. ☐ ....
2. ☐ ....
3. ☐ ....

c. La JDC est :

1. ☐ ....
2. ☐ ....
3. ☐ ....

d. ....

1. ☐ ....
2. ☐ ....
3. ☐ ....

2 Analyser et comprendre un document

Art. 13. Le Président de la République [...] nomme aux emplois militaires de l'État les officiers généraux, parmi lesquels le chef d'état-major des Armées.

Art. 15. Le Président de la République est le chef des armées. Il préside les conseils et les comités supérieurs de la Défense nationale.

Art. 21. Le Premier ministre [...] est responsable de la Défense nationale.

Art. 35. La déclaration de guerre est autorisée par le Parlement. Le gouvernement informe le Parlement de sa décision de faire intervenir les forces armées à l'étranger [...] Cette information peut donner lieu à un débat qui n'est suivi d'aucun vote. Lorsque la durée de l'intervention excède quatre mois, le gouvernement soumet sa prolongation à l'autorisation du Parlement.

Constitution de la Ve République, 1958.

> Je rédige deux questions permettant aux élèves de prélever des informations dans le texte :

a. ....

....

....

Réponse attendue : ....

....

....

b. ....

....

....

Réponse attendue : ....

....

....

EXERCICES

J'applique ce que j'ai appris

EXO

1 J'identifie le devoir de défense

1 Ce que dit la loi

Art. L.111.1. Les citoyens concourent à la défense de la nation. Ce devoir s'exerce notamment par l'accomplissement du service national universel.

Art. L.111.2. Le service national universel comprend des obligations : le recensement, la journée Défense et Citoyenneté et l'appel sous les drapeaux[1].

Il comporte aussi [...] des formes de volontariat.

La journée Défense et Citoyenneté a pour objet de conforter l'esprit de défense et de concourir à l'affirmation du sentiment d'appartenance à la communauté nationale, ainsi qu'au maintien du lien entre l'armée et la jeunesse.

L'appel sous les drapeaux permet d'atteindre, avec les militaires professionnels, les volontaires et les réservistes, les effectifs déterminés par le législateur pour assurer la défense de la nation.

Code du service national, 2010.

1. En cas de menace.

a. Soulignez dans le texte les mots et expressions qui indiquent de quelles manières les citoyens français exercent leur devoir de défense.

b. Expliquez ce que signifie l'esprit de défense, en vous appuyant sur les passages soulignés du texte, et à partir de vos connaissances.

AUTO-ÉVALUATION

▶ Je sais définir le devoir de défense.

EXO

2 Je caractérise le principe de sécurité nationale

1 Le plan gouvernemental Vigipirate

À la suite des attentats de janvier 2015, le dispositif gouvernemental Vigipirate a été placé au plus haut niveau de vigilance par une décision du Premier ministre.

a. Nommez l'acteur à l'origine du dispositif Vigipirate et **présentez** la décision prise.

b. Expliquez pourquoi ce dispositif est un plan permanent de prévention et de protection.

AUTO-ÉVALUATION

▶ J'ai compris comment est assurée la sécurité de la France et de ses habitants.

Je m'entraîne

EXO

3 J'analyse le lien entre les citoyens et la Défense nationale

1 L'opinion des Français sur les actions de leurs armées

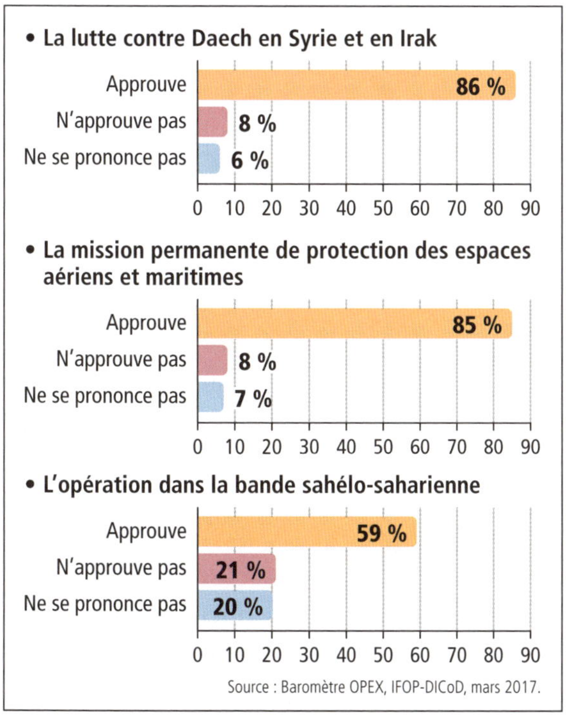

2 Une réserviste de l'armée de Terre témoigne

Nathan live! VIDÉO

Je m'appelle Méril. J'ai vingt-et-un ans. Dans la vie, je suis technicienne vidéo et je suis réserviste[1] au cinquième régiment d'hélicoptères de combat. Je me suis engagée dans la Réserve militaire pour me rendre utile, et pour découvrir le monde militaire. J'ai fait des tests pour entrer dans la Réserve, et ensuite j'ai suivi une formation pour apprendre le tir, le combat, le secourisme.

Le jour où je suis partie en mission, cela s'est mal passé avec ma famille, mais ensuite, elle a réalisé que je servais mon pays. […]

Si un jeune hésitait à s'engager, je lui dirais que dans la Réserve on vit des expériences uniques, on apprend la rigueur, et c'est très utile pour la vie professionnelle.

D'après un reportage sur www.gouvernement.fr, 2017.

1. On peut s'engager dans la Réserve à partir de dix-sept ans. Méril participe à l'opération Sentinelle.

a. Doc 1 et 2. Pour chacun des documents, **rédigez** une phrase qui définit le lien entre les citoyens français et leurs armées.

• **Doc 1 :** Quelle est l'opinion des Français sur les actions de leurs armées ?

....

....

....

• **Doc 2 :** Quelle décision Méril a-t-elle prise ?

....

....

....

Coup de pouce

• Relisez la définition de **Réserve militaire** p. 86.

• Informez-vous sur le site du ministère des Armées.

Nathan live! SITE INTERNET

b. Doc 2. Que pensez-vous de l'engagement de Méril dans la Réserve militaire ? **Justifiez** votre point de vue.

....

....

....

....

....

AUTO-ÉVALUATION

▶ **J'ai compris comment développer une conscience citoyenne.**

☐ ☐ ☐

Brevet

SUJET BLANC

Situation pratique Les principes de la Défense nationale

1 Affiche du ministère des Armées (2017)

2 La cyberdéfense

Elle protège les systèmes d'informations numériques de la défense nucléaire et des armes sophistiquées. Elle vise à détecter et contrer les cyberattaques, actes malveillants de piratage.

Au même titre que la terre, la mer, l'air et l'espace, l'espace numérique est un milieu à défendre de manière permanente.

« La cyberdéfense »,
d'après le site du ministère des Armées, 2018.

QUESTIONS

1. Définissez la défense nucléaire en **soulignant** la proposition qui convient :

a. Arme offensive utilisée dans les opérations militaires de la France

b. Arme de dissuasion : ne pas la déclencher, mais faire peur à l'adversaire

c. Arme abandonnée par la France

2. À l'aide du document, **nommez** les acteurs de la Défense nationale et les espaces qu'ils protègent.

Les acteurs	....	....	....	....
Les espaces protégés	....	....	....	....

3. Un militaire présente à votre classe les principes de la Défense nationale. Vous lui posez cette question : « La France est un pays en paix, est-il nécessaire qu'elle ait des armées ? ». **Imaginez** sa réponse.

....

....

....

....

....

SUJET BLANC

Situation pratique La Défense et la sécurité nationale

1 L'ouragan Irma (septembre 2017)

Suite au passage de l'ouragan Irma dans les Antilles, la ministre des Armées a assuré le Président de la République de la pleine mobilisation des armées : maintien de l'ordre, assistance sanitaire aux populations et reconstruction de Saint-Martin et Saint-Barthélemy. [...]

Dans une situation d'urgence et un environnement sanitaire et sécuritaire délicats, les moyens mis à disposition du ministère de l'Intérieur l'ont été en entière coordination avec l'ensemble des ministères concernés. Sur place, militaires, gendarmes, policiers, infirmiers, médecins, pompiers et tous les autres serviteurs de l'État travaillent ensemble avec un même objectif : secourir et protéger les populations, rétablir rapidement électricité, communication et ravitaillement en eau et en vivres, participer aux travaux de reconstruction.

Dès le 4 septembre, frégates de surveillance, hélicoptères, avions de reconnaissance, régiments de l'armée de Terre ont été mis à la disposition des opérations de secours. 40000 rations de combat, puis mille tonnes de vivres ont été acheminées. Le bâtiment[1] de Marine *Tonnerre* est arrivé avec son hôpital flottant, des équipes médicales expérimentées, deux blocs opératoires et plus de 70 lits médicalisés. [...]

Des militaires, en lien avec les policiers et gendarmes, ont reçu pour mission de patrouiller et sécuriser les sites sensibles, les convois logistiques, et les populations, face aux tentatives de pillages.

Article extrait du site du ministère des Armées, 15 septembre 2017.

1. Navire.

QUESTIONS

1. **Présentez** la raison de l'intervention des armées françaises dans la situation évoquée dans le document.

....

....

....

....

2. **Citez** les acteurs politiques qui ont pris part à la décision de cette intervention.

....

....

....

....

3. À l'aide des informations du document, **expliquez** le rôle des armées dans les Antilles touchées par l'ouragan.

....

....

....

....

....

....

4. **Rédigez** quelques phrases qui présentent l'engagement des armées pour la sécurité nationale.

....

....

....

....

....

....

....

....

....

....

Lexique

- Les mots importants
- Les valeurs de la République

A

Abstention : non-participation des citoyens aux élections et aux référendums, alors qu'ils en ont le droit. → voir p. 56

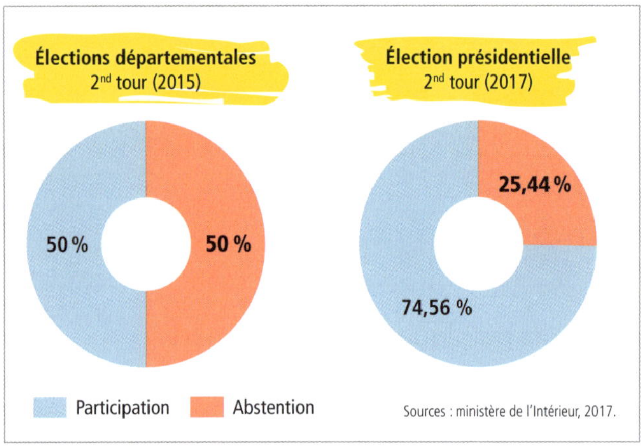

Association : groupement de personnes qui s'unissent pour mener une action commune sans chercher à faire de profit. → voir p. 68, 70

B

Bénévole : personne qui exerce volontairement une activité, sans être rémunérée. → voir p. 68, 70

Témoignages de bénévoles, vidéo du ministère de la Ville, de la Jeunesse et des Sports, 2017.

C

Citoyen : personne qui a le droit de participer à la vie politique d'un État. → voir p. 6, 16, 30

Citoyen européen : personne qui a la nationalité d'un des États membres de l'Union européenne. → voir p. 30

L'Europe en 5 symboles, vidéo du ministère de l'Europe et des Affaires étrangères, 2017.

Citoyenneté : la citoyenneté organise une société, celle de la communauté des citoyens. Égaux devant la loi, ceux-ci détiennent la souveraineté politique par l'élection de leurs gouvernants. Les citoyens et leurs élus sont unis par des droits et des devoirs réciproques, dont le respect garantit la démocratie. → voir p. 16

D

Démocratie : régime politique dans lequel le peuple exerce le pouvoir. Les opinions peuvent s'y exprimer librement et les gouvernants sont désignés par le peuple lors d'élections libres. → voir p. 30, 36

Démocratie : la démocratie est un régime politique dans lequel la souveraineté appartient au peuple. C'est le « gouvernement du peuple, par le peuple, pour le peuple », selon l'article 2 de la Constitution de la Ve République (1958). La démocratie, c'est renoncer à utiliser la force pour défendre ses idées dans la société, et débattre dans le respect des idées des autres. → voir p. 44, 58

Démocratie participative : implication des citoyens dans le débat public et dans la prise de décision politique. → voir p. 58

Démocratie représentative : régime politique dans lequel le peuple délègue son pouvoir à des représentants. → voir p. 58

Un bureau de vote à Paris, le 23 avril 2017.

Devise : Liberté, Égalité, Fraternité

Liberté. Après 1789, les libertés fondamentales sont reconnues à tous les êtres humains. Mais elles doivent s'exercer dans le respect de celles des autres.

Égalité. La Déclaration des droits de l'Homme et du citoyen (1789) proclame que les êtres humains naissent et demeurent égaux en droits. Sans égalité, il n'y a pas de véritable liberté.

Fraternité. Elle se manifeste par l'entraide et l'engagement, conformément à l'article 1er de la Déclaration universelle des droits de l'Homme (1948). → voir p. 30

Hôtel de ville d'Aurillac (Cantal).

Dialogue social : négociations entre les représentants du gouvernement, des salariés (syndicats), des chefs d'entreprise (organisations d'employeurs), sur des questions d'intérêt commun (conditions de travail…). → voir p. 70

- **Dissuasion nucléaire :** dans une démocratie, arme exclusivement défensive destinée à faire peur à l'adversaire, pour maintenir la paix. → voir p. 84, 86
- **Droits civils :** droit au respect de la vie privée, droit d'aller et venir, liberté de conscience et de religion, liberté d'expression… → voir p. 16
- **Droits politiques :** droit de participer à la vie politique de son pays, par le droit d'être électeur et éligible. → voir p. 16
- **Droits sociaux :** droits garantis par l'État au nom de l'égalité et de la solidarité. Ils donnent à tous accès aux services publics, pour répondre aux besoins de la population (éducation, santé…). → voir p. 16

E

- **Engagement :** acte par lequel une personne décide d'agir. S'engager, c'est être acteur de ses choix et participer à la vie de la société. L'engagement repose sur l'esprit de coopération et la responsabilité vis-à-vis d'autrui. → voir p. 70
- **Esprit de défense :** esprit civique des citoyens qui met une population en capacité d'agir dans l'intérêt général face aux risques et aux menaces. Il développe le lien entre les Armées et la nation. Il vise à préserver les valeurs de la démocratie (liberté, solidarité…), au service de la paix. → voir p. 78, 86

I

- **Indivisible :** qui ne peut être séparé. → voir p. 30
- **Intérêt général :** ce qui est bénéfique à l'ensemble de la collectivité. → voir p. 70

L

- **Laïcité :** du grec ancien *laïkos* dérivé du mot *laos* « peuple uni autour de valeurs partagées ». Principe selon lequel l'État ne favorise aucune religion et garantit la liberté de conscience (pratiquer ou non une religion, exprimer ses convictions). Elle implique que les signes d'appartenance religieuse soient discrets à l'école publique.

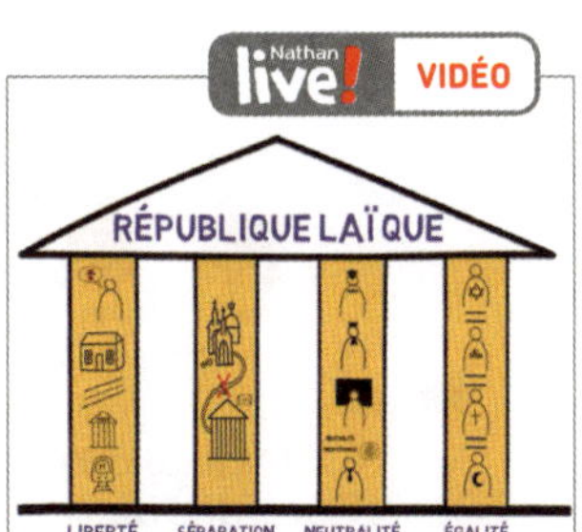

« La laïcité en trois minutes ou presque », vidéo de l'association Coexister, 2016.

- **Liberté :** après 1789, les libertés fondamentales sont reconnues à tous les êtres humains. Des limites leur sont apportées pour permettre à chacun de les exercer, dans le respect de celles des autres. → voir p. 44
- **Livre blanc sur la Défense et la Sécurité nationale :** texte officiel de 2013 qui fait état des risques et des menaces et définit les objectifs de la politique de Défense et de Sécurité nationale de la France. → voir p. 84, 86

M

- **Médias :** ensemble des moyens de communication. → voir p. 11
- **Militant :** adhérent d'une association, d'un parti politique ou d'un syndicat, qui s'engage activement dans les actions menées. → voir p. 70, 73

N

- **Nation :** communauté humaine vivant sur un même territoire et affirmant sa volonté de vivre ensemble en respectant les mêmes lois. → voir p. 16, 30
- **Nationalité :** tout individu a une nationalité, qui le rattache officiellement à un État et fait de lui un citoyen. → voir p. 6, 16

O

- **Opinion publique :** représentation collective de la manière de penser d'une société. → voir p. 40, 44

Lexique

P

- **Parcours de citoyenneté :** composé de 4 étapes :
  - enseignement de la Défense en 3e et en 1re,
  - recensement (inscription à la mairie de sa commune de tout Français âgé de 16 ans),
  - Journée Défense et Citoyenneté (JDC),
  - appel sous les drapeaux (en cas de menace). → voir p. 86
- **Parité :** répartition égale des fonctions politiques entre les femmes et les hommes. → voir p. 12
- **Pluralisme :** existence de plusieurs opinions politiques. → voir p. 70
- **Pluralisme des médias :** existence de médias d'opinions variées. → voir p. 44
- **Pouvoir exécutif :** pouvoir de faire exécuter les lois sur l'ensemble du territoire. Il appartient au Président de la République et au gouvernement, dirigé par le Premier ministre. → voir p. 51, 58

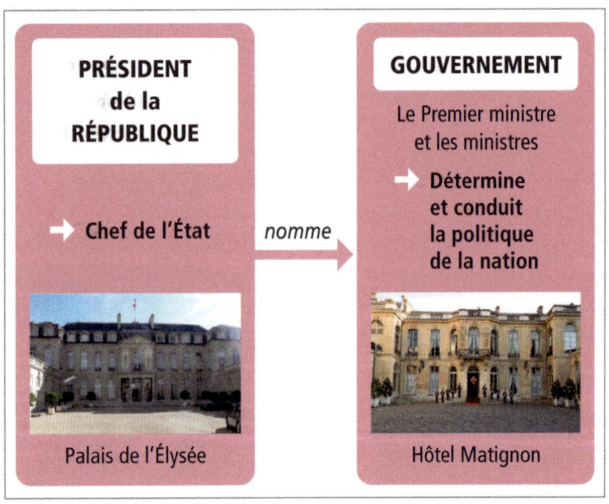

- **Pouvoir législatif :** pouvoir de faire la loi. Il appartient au Parlement (Assemblée nationale et Sénat). → voir p. 51, 58

R

- **Référendum :** consultation des citoyens sur un projet de loi. Les citoyens votent en répondant par oui ou par non à la question posée. → voir p. 51, 58
- **République :** du latin *res publica*, « chose publique ». Régime politique dans lequel la souveraineté appartient au peuple, par opposition à la monarchie. → voir p. 36, 44
- **Réserve militaire :** citoyens volontaires qui s'impliquent dans une unité militaire ou qui interviennent dans la société pour promouvoir l'esprit de défense. → voir p. 86

S

- **Sondage d'opinion :** enquête qui a pour but de connaître la répartition des opinions au sein d'une population, sur une question donnée, à un moment donné. → voir p. 40
- **Souveraineté nationale :** le pouvoir politique appartient à la nation, c'est-à-dire à l'ensemble des citoyens. → voir p. 44, 55, 58
- **Suffragettes :** femmes qui militent pour le droit de vote féminin (en France, de la fin du XIXe siècle jusqu'aux années 1930). → voir p. 12

LA CITOYENNE
DROITS DE LA FEMME

La Citoyenne (journal fondé en 1881 par Hubertine Auclert), n°65, octobre-novembre 1889.

- **Syndicat :** association qui défend les intérêts professionnels de ses adhérents. → voir p. 70

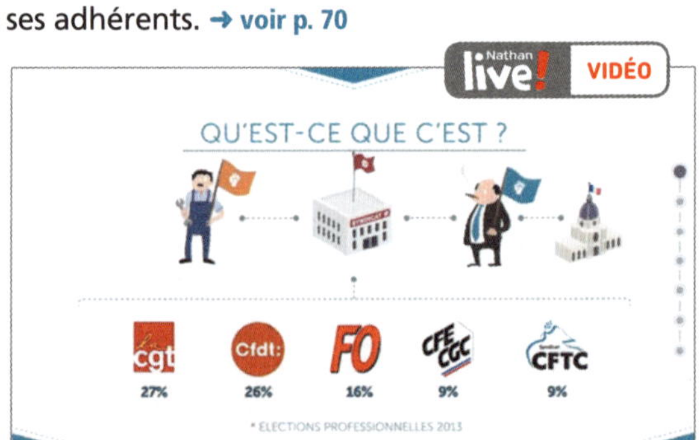

« Qu'est-ce qu'un syndicat ? », vidéo de France TV Éducation, 2017.

MON BILAN DE COMPÉTENCES

Cette page vous permet d'évaluer votre niveau de maîtrise des compétences travaillées en Enseignement moral et civique dans les différentes pages de votre cahier d'EMC. Votre professeur-e peut vous expliquer ce que vous savez faire, et vous donner des conseils sur ce que vous devez améliorer pour progresser.

Les grands domaines du socle commun Ce qu'en pense mon / ma professeur-e	Très bonne maîtrise	Maîtrise satisfaisante	Maîtrise fragile
	Mon niveau de maîtrise		
1 Les langages pour penser et communiquer			
• Savoir argumenter à l'oral	☐	☐	☐
• Savoir s'exprimer à l'écrit pour décrire, raconter, expliquer	☐	☐	☐
• Savoir interpréter des schémas, des graphiques	☐	☐	☐
• Comprendre le langage artistique	☐	☐	☐
▶ **Ce que je sais faire – ce que je dois améliorer :**			
2 Méthodes et outils pour apprendre			
• Comprendre le sens des consignes	☐	☐	☐
• S'entraîner, mémoriser, avec des outils personnels de travail	☐	☐	☐
• Développer sa culture numérique	☐	☐	☐
• S'informer de manière critique dans les médias	☐	☐	☐
▶ **Ce que je sais faire – ce que je dois améliorer :**			
3 La formation de la personne et du citoyen			
• Savoir juger par soi-même de manière réfléchie	☐	☐	☐
• Développer son aptitude à vivre avec les autres	☐	☐	☐
• Préparer son engagement en tant que citoyen	☐	☐	☐
• Comprendre le sens des valeurs et des principes de la République	☐	☐	☐
• Comprendre le sens de la loi et des règles dans une démocratie	☐	☐	☐
• Agir de manière responsable	☐	☐	☐
▶ **Ce que je sais faire – ce que je dois améliorer :**			
5 Les représentations du monde et l'activité humaine			
• Connaître le monde qui m'entoure et son actualité	☐	☐	☐
• Se repérer dans le temps et dans l'espace	☐	☐	☐
▶ **Ce que je sais faire – ce que je dois améliorer :**			

Crédits photographiques

Couverture : droite ANDIA/Belpress/Philippe Turpin, **bas g** PHOTONONSTOP/Philippe Turpin, **ht g** RMN-Grand Palais/Gérard Blot, **bas d** AFP/Philippe Desmazes

6 ht AGE FOTOSTOCK/Collection Yay Micro/Photo Denis Costille ; **6 bas** ARCHIVES NATHAN ; **6 m** ARCHIVES NATHAN ; **8** © Xavier Harel ; **10 ht** © Raoul Rosa ; **10 bas** Photo William R. Schepis/Instituto EcoFaxina ; **12** ARCHIVES NATHAN ; **18** Tébéo - Télé Bretagne Ouest ; **19** Agence ANSA ; **20** MINISTÈRE DE L'INTÉRIEUR ; **22 ht g** ONLY France/Tripelon-Jarry ; **22 bas d** BRIDGEMAN IMAGES/Rue des Archives/ © Mary Evans ; **22 bas g** AGE FOTOSTOCK/J. D. Dallet ; **22 ht d** BIS / Ph. Hubert Josse © Archives Larbor ; **24 ht g** BIS / Ph. © Archives Nathan ; **24 bas d** Hôtel de Ville d'Aix-en-Provence ; **24 bas g** INA / VIDEOS ; **24 ht d** SIPA PRESS/ Delalande ; **26 ht** Observatoire de la Laïcité/© Association Coexister France ; **26 bas** Extrait de «ABC de la laïcité pour les jeunes», par Eddy Khadi, illustrations Eric Degive, 2015 ; **28 ht d** Observatoire des inégalités ; **28 bas** SHUTTERSTOCK/Torgado ; **28 ht g** SHUTTERSTOCK/ Jacek Chabraszewski ; **31** AGE FOTOSTOCK/J. D. Dallet ; **32 ht g** KHARBINE-TAPABOR/IM ; **34** ATD QUART MONDE FRANCE ; **36 ht** BRIDGEMAN IMAGES/Archives Charmet/Ministère de la Justice ; **36 m bas** ROGER-VIOLLET/Albert Harlingue ; **36 bas g** BIS / Ph. Coll Archives Bordas ; **36 m** GAMMA RAPHO/Jean Gaumy ; **37 ht g** Ministère de l'Éducation nationale ; **37 bas d** REA/Ludovic ; **37 bas g** AFP/Sputnik/Alexey Vitvitsky ; **37 ht d** Wikimedia Commons/KoS ; **38 g** BIS / Ph. Michel Didier © Archives Bordas ; **38 d** REA/Report digital/Jess Hurd ; **48** CLEMI/Dessin Rodho ; **50 ht g** Rémi Mathis ; **50 bas d** © Photo Sénat ; **50 bas g** SHUTTERSTOCK/JackyD ; **50 ht d** © Conseil Constitutionnel ; **50 ht m** Hôtel Matignon ; **52 g** Ministère de l'Éducation nationale, de l'Enseignement supérieur et de la Recherche ; **54 bas d** AFP/Simon Malfatto, Kun Tian, Stéphane Koguc ; **54 bas g** AFP/Fred Tanneau ; **54 ht** Ministère de l'Intérieur/ DICOM ; **56 ht d** campagnepublique.com ; **60 ht** BIS / © Archives Larbor ; **60 bas** Wikimedia Commons/James Cavalier ; **61** MAIRIE DE PARIS ; **63** Ministère de l'Intérieur ; **64 ht** Collège Marie de la Tour d'Auvergne/photo Yasmina Champalou ; **64 ht** AFP/Crowdspark/François Navarro ; **64 bas** L'Est Éclair du 28/06/2017/Photo Jean-Claude Brun ; **66 bas** Episode issu de la Websérie «Décod'actu» réalisée par Maxime Chappet/ © France Télévisions - 2016 ; **68 ht** Ministère des Sports, de la Jeunesse, de l'Education populaire et de la Vie associative ; **68 m** Ministère des Sports, de la Jeunesse, de l'Education populaire et de la Vie associative ; **71** AFP/Fred Tanneau ; **72** Collège Plaisance, Créteil/Atelier Bande Dessinée et Citoyenneté ; **74** DDCSPP du Cantal/Agence Service civique/CABA/Ministère de la Jeunesse et des Sports/Point Information Jeunesse ; **78** Ministère des Armées/Secrétariat Général pour l'Administration - Direction du Service National et de la Jeunesse ; **80 ht** BASSIGNAC Gilles/Divergence ; **80 bas** REA/ITH/ECPAD ; **80 m** SIPA PRESS/Bony/Maya Press ; **82 ht** Etat-Major des Armées - Cellule relations médias ; **82 bas** REUTERS/Benoit Tessier ; **84** SIPA PRESS/AP/Matthias Schrader ; **88** gouvernement.fr ; **89** gouvernement.fr/garde-nationale ; **90** © ESCC/DICORM ; **92 ht g** Ministère des Sports, de la Jeunesse, de l'Education populaire et de la Vie associative ; **92 bas d** AGE FOTOSTOCK/J. D. Dallet ; **92 ht d** AFP/Sputnik/Alexey Vitvitsky ; **93 bas** Observatoire de la Laïcité/ © Association Coexister France ; **94 ht d** ARCHIVES NATHAN ; **94 bas d** Episode issu de la Websérie «Décod'actu» réalisée par Maxime Chappet/ © France Télévisions - 2016 ; **94 bas m** © Photo Sénat ; **94 bas g** SHUTTERSTOCK/JackyD ; **94 ht m** © Hôtel Matignon ; **94 ht g** Rémi Mathis.

Édition : Séverine Bulan
Conception graphique (intérieur et couverture) : Élise Launay
Mise en pages : Dominik Raboin
Iconographie : Maryse Hubert
Infographie : Renaud Scapin
Cartographie : AFDEC (Claude Dubut)

MIXTE
Papier issu de sources responsables
FSC® C022030
FSC www.fsc.org

Nathan est un éditeur qui s'engage pour la préservation de son environnement et qui utilise du papier fabriqué à partir de bois provenant de forêts gérées de manière responsable.

N° Editeur : 10254371 - mars 2019
Imprimé en France par Estimprim - 25110 Autechaux